U0523279

东大哲学典藏·萧焜焘文丛

精神世界掠影
——黑格尔《精神现象学》的体系与方法

萧焜焘 著

商务印书馆
The Commercial Press

2018年·北京

图书在版编目（CIP）数据

精神世界掠影：黑格尔《精神现象学》的体系与方法 / 萧焜焘著. — 北京：商务印书馆，2018
（萧焜焘文丛）
ISBN 978-7-100-16591-4

Ⅰ. ①精… Ⅱ. ①萧… Ⅲ. ①《精神现象学》—研究 Ⅳ. ①B516.35

中国版本图书馆CIP数据核字（2018）第203646号

权利保留，侵权必究。

（萧焜焘文丛）
精神世界掠影：
黑格尔《精神现象学》的体系与方法
萧焜焘　著

商 务 印 书 馆 出 版
（北京王府井大街36号　邮政编码 100710）
商 务 印 书 馆 发 行
三 河 市 尚 艺 印 装 有 限 公 司 印 刷
ISBN 978-7-100-16591-4

2018年10月第1版　　开本 640×960　1/16
2018年10月第1次印刷　印张 13　插页 2

定价：68.00元

未敢忘却的记忆

萧焜焘先生离开我们已经二十年了。也许,"萧焜焘"对当今不少年轻学者甚至哲学界部分学者来说是一个有点陌生的背影;然而,对任何一个熟悉当代中国学术史尤其是哲学发展史的学者来说,这却是一个不能不令人献上心灵鞠躬的名字。在学术的集体记忆中,有的人被记忆,或是因为他们曾经有过的活跃,或是因为他们曾经占据的那个学术制高点,当然更有可能是因为他们提出的某些思想和命题曾经激起的涟漪。岁月无痕,过往学者大多如时光映射的五色彩,伴着物转星移不久便成为"曾经",然而每个时代总有那么一些人,他们沉着而不光鲜,沉潜而不夺目,从不图谋占领人们的记忆,但却如一坛老酒,深锁岁月冷宫愈久,愈发清冽醉人。萧焜焘先生的道德文章便是如此。

中国文化中诞生的"记忆"一词,已经隐含着世界的伦理真谛,也向世人提出了一个伦理问题。无论学人还是学术,有些可能被"记",但却难以被"忆",或者经不住"忆"。被"记"只需要对神经系统产生足够的生物冲击,被"忆"却需要对主体有足够的价值,因为"记"是一种时光烙印,"忆"却是一种伦理反刍。以色列哲学家阿维夏伊·玛格利特提出了一个严肃的问题:"记忆的伦理"。它对记忆提出伦理追问:在被称为"灵魂蜡烛"的记忆共同体中,我们是否有义务记忆某些历史，同时也有义务忘却某些历史？这个命题提醒我们：记忆不只是一个生理事件，也是一个伦理事件；某些事件之所以被存储于记忆的海马区，本质上是因为它们的伦理意义。记忆，是一种伦理情怀或伦理义务；被记忆，是因其伦理贡献和伦理意义。面对由智慧和心血结晶而成的学术史，我们不仅有记忆的伦理义务，而且也有唤醒集体学术记忆的伦理义务。

我对萧先生的"记"是因着本科和研究生两茬的师生关系，而对先生那挥之不去的"忆"却是超越师生关系的那种出于学术良知的伦理回味。四十年的师生关系，被1999年元宵节先生的猝然去世横隔为前后两个二十年。前二十年汲取先生的学术智慧，领略先生的人生风采；后二十年在"忆"中复活先生的精神，承续先生未竟的事业。值此先生书稿再版之际，深感自己没有资格和能力说什么。但经过一年的彷徨，又感到有义务说点什么，否则便缺了点什么。犹豫纠结之中，写下这些文字，姑且作为赘语吧。

萧先生对于学术史的贡献留待时间去写就。当下不少学者太急于将自己和对自己"有意义的他人"写进历史，这不仅是一种不智慧，也是一种不自信。我记住了一位历史学家的告诫：历史从来不是当代人写的。学术史尤其如此。我们今天说"孔孟之道"，其实孟子是在死后一千多年才被韩愈发现的，由此才进入人类学术史的集体记忆；要不是被尘封的时间太久，也不至于今日世人竟不知这位"亚圣"的老师是谁——这个问题如此重要，以至于引起了"不知孟子从哪里来"的现代性的困惑。朱熹、王阳明同样如此，甚至更具悲剧色彩，因为他们的思想生前都被视为"伪学"，百年之后方得昭雪，步入学术史的族谱。我不敢妄断先生在未来学术记忆中的位置，因为学术史上的集体记忆最终并不以任何人的个体记忆为转移，它既考量学者对学术的伦理贡献，也考量学术记忆的伦理，这篇前言性的文章只是想对先生的学术人生或道德文章做一个精神现象学的还原：萧焜焘是一个"赤子"，他所有的学术秉持和学术成就，他所有的人生成功和人生挫折，都在于一个"真"字；不仅在于人生的真、学术的真，而且在于学术和人生完全合而为一的真。然而正如金岳霖先生所说，"真际"并非"实际"，学术和人生毕竟是两个世界，是存在深刻差异的两个世界，否则便不会有"学术人生"这一知识分子的觉悟了。先生年轻时追随现代新儒学大师牟宗三学习数理逻辑，后来专攻马克思主义哲学，又浸润于德国古典哲学尤其是黑格尔哲学，是国内研究黑格尔哲学的几位重要的代表性前辈之一。先生治学，真实而特立，当年毛泽东论断对立统一规律是唯物辩证法的核心，先生却坚持否定之否定规律是辩证法的核心，这就注定了他在"文革"中的命运。但是1978年我们进校师从先生学哲学时，他在课堂上还是大讲"否定之否定"的"第一规律"。当年，《中国社会科学》杂志复刊，约他写稿，先生挥笔写就了他的扛鼎之作《关于辩证法科学形态的探索》，此时先生依然初心不改，坚持当初的观点。萧先生是最早创立自然辩证法（即今天的科技哲学）学科的先驱者之一，但他首先攻克的却是"自然哲学"，建立起自然哲学的形上体系。直至今日，捧着这本当代中国学术史上最早的《自然哲学》，我们依然不能不对他的抱负和贡献满怀敬意。他试图建立"自然哲学—精神哲学—科学认识史"的庞大哲学体系，并且在生前完成了前后两部。遗憾的是，"精神哲学"虽然已经形成写作大纲，并且组建了研究团队，甚至已经分配好了学术任务，先生却突然去世，终使"精神哲学"成为当代中国学术史上的"维纳斯之臂"。

　　萧先生对东南大学百年文脉延传的贡献可谓有"继绝中兴"之功，这一点所有东大人不敢也不该忘记。自郭秉文创建东南大学起，

"文"或"秉文"便成为东大的脉统。然而 1952 年院系调整,南京大学从原校址迁出,当年的中国第一大学便只留下一座名为"南京工学院"的"工科帝国"。1977 年恢复高考,萧先生便在南京工学院恢复文科招生,第一届规模较小,第二届招了哲学、政治经济学、中共党史、自然辩证法四个专业。我是七八级的。我们那一年高考之后,招生的批文还没有下发,萧先生竟然做通工作,将我们 46 位高分考生的档案预留,结果在其他新生已经入校一个多月后,我们的录取通知才姗姗来迟,真是让我们经受"烤验"啊。然而,正是这一执着,才使东大的百年文脉得以薪火相传。此后,一个个文科系所、文科学位点相继诞生。可以毫不夸张地说,萧先生是改革开放以后东大百年文脉延传中最为关键的人物,如果没有先生当年的执着,很难想象有今日东大文科的景象。此后,先生亲自给我们讲西方哲学,讲黑格尔哲学,讲自然辩证法,创造了一个个令学界从心底敬重的成果和贡献。

1988 年以后,我先后担任先生创立的哲学与科学系的副主任、主任;先生去世后,担任人文学院院长。在随后的学术成长和继续创业的历程中,我愈益感受到先生精神和学术的崇高。2011 年,我们在人文学院临湖的大院竖立了先生的铜像,这是 3700 多亩东大新校区中的第一尊铜像。坦率地说,冒着有违校纪的危险竖立这尊铜像,并不只是出于我们的师生之情。那时,东大已经有六大文科学院,而且其中四个学院是我做院长期间孵化出来的。东大长大了,东大文科长大了,我强烈地感到,我们还有该做的事情没有做,我们还有伦理上的债务没有还,趁着自己还处于有记忆能力的年龄,我们有义务去唤起一种集体记忆。这是一种伦理上的绝对义务,也是一种伦理上的绝对命令,虽然它对我们可能意味着某些困难甚至风险。在东大哲学学科发展的过程中,我们曾陆续再版过先生的几本著作，包括《自然哲学》，但完整的整理和再版工作还没有做过。由于先生的去世有点突然，许多事情并没有来得及开展。先生生前曾经在中国人民大学宋希仁教授的建议和帮助下准备出版文集，但后来出版商几经更换，最后居然将先生的手稿和文稿丢失殆尽，造成无可挽回的损失。这不仅是先生的损失、东大的损失，也是中国学术的损失。最近，在推进东大哲学发展、延续东大百年文脉的进程中，我们再次启动完整再版先生著作的计划。坦率地说，所谓"完整"也只是一个愿景，因为有些书稿手稿，譬如先生的"西方哲学史讲演录"，我们未能找到，因而这个对我们的哲学成长起过最为重要的滋养作用的稿子还不能与学界分享。

这次出版的先生著作共六本。其中，《自然哲学》、《科学认识史论》是先生组织大团队完成的，也是先生承担的全国哲学社会科学重大项目的成果。《精神世界掠影——黑格尔〈精神现象学〉的体系与方法》(原名《精神世界掠影——纪念〈精神现象学〉出版180周年》)、《从黑格尔、费尔巴哈到马克思》是先生在给我们讲课的讲稿的基础上完成的。《辩证法史话》在相当程度上是先生讲授的历时两学期共120课时的西方哲学史课程的精华，其内容都是先生逐字推敲的精品。《自然辩证法概论新编》是先生组织学术团队完成的一本早期的教材，其中很多作者都与先生一样早已回归"自然"。依现在的标准，它可能存在不少浅显之处，但在当时，它已经是一种探索甚至是某种开拓了。在这六本先生的著作之外，还有一本怀念先生的文集《碧海苍穹——哲人萧焜焘》，选自一套纪念当代江苏学术名家的回忆体和纪念体丛书。现在，我们将它们一并呈献出来，列入"东大哲学典藏"，这样做不只是为了完成一次伦理记忆之旅，也不只是向萧先生献上一掬心灵的鞠躬致意，而且也是为了延传东大的百年文脉。想当年，我们听先生讲一学期黑格尔，如腾云驾雾，如今我居然给学生讲授两学期120课时的《精神现象学》与《法哲学原理》，并且一讲就是十五年；想当年，先生任东大哲学系主任兼江苏省社会科学院副院长，如今我也鬼使神差般在江苏社会科学院以"双栖"身份担任副院长，并且分管的主要工作也与先生当年相同。坦率地说，在自我意识中完全没有着意东施效颦的念头，这也许是命运使然，也许是使命驱动，最可能的还是源自所谓"绝对精神"的魅力。

"文脉"之"脉"，其精髓并不在于一脉相承，它是文化，是学术存续的生命形态。今天已经和昨天不一样，明天和今天必定更不一样，世界日新又新，唯一不变、唯一永恒、唯一奔腾不息的是那个"脉"。"脉"就是生命，就是那个作为生命实体的、只能被精神地把握的"伦"，就是"绝对精神"。"脉"在，"伦"在，生命在，学术、思想和精神在，直至永远……

樊　浩

2018年7月4日于东大舌在谷

第一版序言

180年以前,当拿破仑攻占普鲁士之际,黑格尔匆匆完成了一部系统论述自己哲学思想的著作——《精神现象学》。这是一部天书,斑斑黑点,不知所云。然而,它又处处闪光,透露了那无影无踪的精神现象、意识形态的发育生长过程。"神龙渊潜,罔可窥破"!一旦窥破,你便将随心所欲,遍历人生,登临哲学顶峰,摘取智慧之果。这部天书虽然是典型的唯心论的著作,但在它的神秘的思辨形式下,却充满了现实的内容与活生生的辩证法。

黑格尔这本书是在法国革命精神的鼓舞下,意欲振兴民族国家而作。振兴之道在于知识,首先是关于真理的知识。哲学便是关于真理的知识,它是人类尊严与理性权威的确证。《精神现象学》便是阐述哲学作为最高的精神现象或意识形态,是如何通过意识自身的辩证发展而最终形成的。

精神、意识不可捉摸,没有感觉形态,然而人类正是以具有高度完善化的精神意识功能,作为他与其他高等动物相区别的特征之一的。精神意识的发育生长并非一蹴而就,它的完善化是一个过程。过程的起点是"这一个"(this)直接的呈现,它没有分化,浑然一体。"这一个"产生否定其自身的因素,自身分化,一分为二,对立出现,矛盾形成,过程展开,中介过渡,承先启后。对立致极,矛盾上升，从而达到对立扬弃，矛盾消融，复归于统一，这便是过程的终结，真理的显现。这个终点又成为新的起点，开始高一层次的圆圈运动。这便是《精神现象学》全书一贯到底的辩证逻辑结构和真理的发展深化过程。我们如果抓住了这根攀登的线索，就有希望在黑格尔体系的迷宫中挖掘到无数的宝藏。我不可能一一描述这些宝藏，可以肯定我还远远没有掌握这些宝藏。我觉得首先在我眼前闪光的是关于个人意识的分析。这些分析，理论的深刻性、内容的现实性，是一般心理学家、逻辑学家所不能望其项背的。

关于个人意识的分析，基本上是关于人的认识能力的分析。感性直观、知性分析、理性综合，是认识能力自身的辩证推移的三个密不可分的环节。感性是起点，知性是中介，理性是终结。只有达到理性思维才具有认识与实现真理的能力。孤立的感性是表面的，孤立的知性是片面的，没有起点与中介的理性是僵化的。三性推移过渡又有其中介，从感性到知性以知觉为中介；理性又可细分为观察的理性与行动的理性或实践的理性，从知性到实践理性以观察理性为中介。思维能力的整体过程性是黑格尔极有价值的辩证思想之一。

黑格尔赋予理性以行动的意义、实践的性质，就便于理性向意志过渡、认识向伦理过渡、真向善过渡、个人意识向社会意识过渡。

在社会意识中展开的宇宙人生的画面是十分壮阔而深邃的。黑格尔关于自我意识的论述，实际上已进入社会人生问题的探讨。自我存在的见证是欲望，而欲望体现为生命。生命乃是自身发展着的、消除其发展过程的，并在这种运动中简单地保持着自身的整体。生命活动的行程构成宇宙人生社会的历史。

人要维系其生存，必须以万物为刍狗；而生殖，实际上是自己的生命被新生的生命缓慢地逐渐地吞噬。这是生活的血腥的真理。

这种自然的互相吞噬是客观的必然的，无道义可言；而社会剥削的出现，社会吞噬的出现，就形成主奴对立、高贵意识与卑贱意识的对立。黑格尔倾注同情于奴隶，赞美劳动出智慧，卑贱者由于劳动而掌握事物，反而从依赖变成独立，而高贵的主人却仰给于奴隶的供养而从独立变成依赖。黑格尔思辨地论述了社会的革命转化，显示了他当时的进步倾向。

在社会形成对立关系的基础上，黑格尔从现实出发，论述了伦理、道德、宗教问题，显示了他对社会生活的深刻理解和极其渊博的学识。社会行为规范的遵守是维系社会生存必不可少的条件，否则社会势将分裂而崩溃。小规模的城邦，行为规范作为舆论制裁的手段基本上便可奏效；大规模的帝国，行为规范要进一步形成法律强制，才能威慑宵小、镇压叛逆。至于道德、行为主体修养，一般是适应行为规范的。关于宗教的分析，黑格尔更多地涉及感情与艺术的探讨。他从人对自然物的崇拜说到对其模拟物的崇拜，工匠对模拟物的雕刻制作实际上在雕像之中灌注了人的精神，然后是赞美歌的谱制，语言歌唱更多地抒发了人类自身的感情，而较少神意。史诗则从神的崇拜转到英雄崇拜，悲剧体现了人与命运即客观必然性搏斗的不幸，喜剧则在更高的层次上嘲弄人间的丑恶和不平。黑格尔关于诸艺术形式之间的辩证联系的揭示及艺术本质的阐明，实在是妙语连珠，令人目不暇接。

黑格尔的"宗教"昭示给人的是直观的艺术世界，它是人类精神世界的现象形态，人生是如此美好，怎能叫人舍此而离去。乐观，向上，这便是黑格尔人生观的实质。

这个精神世界的现象形态的内在本质就是绝对知识。它是关于精神意识的概念式的知识，即科学或哲学。哲学旨在认识并实现真理。我们随着黑格尔在精神世界漫游，螺旋形地前进，现在在最高层次上回复到了起点。哲学于是成了这个圆圈形的辩证运动的理论形态。黑格尔是如何描述这个运动的呢？他说："当区别一经作出时，同样于作出之时，区别立刻就被消除了，并且当区别一经消除时，同样它立刻就被作出了。而真理和现实正是这种回到自身的圆圈式［辩证］运动。"（《精神现象学》下卷，第243页）还有比这更好的描述辩证法的哲学语言吗？

《精神现象学》是黑格尔哲学全书的袖珍本，是马克思哲学最直接的理论先驱。振兴中华必须振兴哲学，而哲学的振兴，除联系实际探讨现实问题外，还要历史地追溯其渊源，汲取有用的理论养料，从而加深对于现实问题的理论的历史的分析。因此，对180年以前的这部不朽的"天书"的探讨仍然是一项迫切的任务。

说明：这篇序言于1986年以《一部天书》为题发表于《书林》第2期。

目 录

综 论 ... 1
  一、黑格尔其人及其"天书" ... 1
  二、《精神现象学》在黑格尔哲学体系中的地位 ... 3
      1. 作为体系的导言 ... 3
      2. 作为体系的缩影 ... 6
      3. 作为体系的归宿 ... 7
  三、《精神现象学》与马克思主义哲学 ... 10
      1. 关于认识论问题 ... 11
      2. 关于辩证法问题 ... 13
      3. 关于唯物史观问题 ... 14

第一章 哲学研究与科学真理 ... 21
  一、只有科学体系才是把握真理的方式 ... 21
      1. 哲学研究的理论结构与最终目的 ... 22
      2. 科学体系的发生过程 ... 27
      3. 关于中介与目的 ... 31

二、科学如何成为有机体系 ... 38

    1. 关于意识的经验科学 ... 38

    2. 历史的偶然性与数学的自明性 ... 40

    3. 概念的认识才是获得真理的唯一途径 ... 43

三、对意识的陈述就等于是真正的精神科学 ... 46

    1. 灵感与天才 ... 46

    2. 诡辩与怀疑 ... 48

    3. 意识自身的辩证运动 ... 49

第二章 意识 ... 52

一、关于感性确定性 ... 53

    1. 一一对应关系 ... 53

    2. 直接性和间接性的差别 ... 54

    3. 感性确定性的直观性质 ... 56

二、关于知觉 ... 60

    1. 普遍性是知觉的原则 ... 60

    2. 间接性的直接性 ... 61

    3. 普遍性的纯粹表达有赖于知性 ... 63

三、力和知性 ... 66

    1. 力是知性分析的必要补充 ... 66

    2. 力的交互作用 ... 68

    3. 知性概念与知性规律 ... 70

    4. 超出知性的内在世界的规律 ... 73

    5. 无限性是规律的本质 ... 74

第三章　自我意识 ... 77

一、意识的反思 ... 77

1. 自我意识自身 ... 79

2. 生命 ... 81

3. 自我与欲望 ... 83

二、主人与奴隶 ... 84

1. 统治 ... 85

2. 恐惧 ... 87

3. 培养与陶冶 ... 88

三、自我意识自身的历史发展过程 ... 90

1. 斯多葛主义——纯粹的思维 ... 91

2. 怀疑主义——否定的思维 ... 92

3. 坏的主观唯心主义——苦恼的意识 ... 95

第四章　理性 ... 99

一、理性即实在 ... 99

1. 意识自身之肯定乃是理性的基础 ... 100

2. 理性的运动表现为范畴 ... 101

3. 理性的现实性有别于知性的抽象性 ... 102

二、理性的自然考察 ... 103

1. 对无机物的观察 ... 104

2. 对有机物的观察 ... 109

3. 对自我意识及其与现实关系的观察（逻辑规律与心理学规律）... 114

三、理性的自我意识的实现 ... 117

　　1. 行动的理性（礼俗伦常）... 118

　　2. 幸运与德行 ... 119

　　3. 国家的有理智的普遍善行 ... 121

第五章　精神 ... 124

一、从理性向精神过渡 ... 124

　　1. 理性的外化 ... 124

　　2. 精神的自在状态与自为状态 ... 125

　　3. 精神如何成为现实 ... 126

二、真实的精神——伦理 ... 128

　　1. 关于人的规律与神的规律 ... 128

　　2. 伦理行为 ... 137

　　3. 法权状态 ... 140

三、自身异化了的精神——教化 ... 142

　　1. 教化 ... 142

　　2. 启蒙 ... 150

　　3. 三个世界与绝对自由 ... 152

四、对其自身具有确定性的精神——道德 ... 155

　　1. 关于道德的本质 ... 156

　　2. 道德义务的矛盾 ... 158

　　3. 良心及其他 ... 159

第六章　宗教 ... 162

一、从宗教感情到宗教 ... 162

　　1. 宗教作为精神的全体 ... 162

2. 苦恼意识与伦理精神 ... 163

3. 宗教自身发展的三阶段 ... 164

二、自然宗教（东方宗教）... 165

  1. 火流与光明 ... 165

  2. 植物与动物崇拜 ... 165

  3. 对模拟物的崇拜 ... 166

三、艺术宗教（古希腊宗教）... 167

  1. 伦理的或真实的精神 ... 168

  2. 宗教崇拜 ... 169

  3. 艺术作品 ... 172

四、天启宗教（基督教）... 175

  1. 天启宗教产生的前提 ... 175

  2. 神化为人的天启宗教 ... 176

  3. 绝对宗教的概念发展 ... 177

第七章　绝对知识 ... 180

一、由天启宗教向绝对知识过渡 ... 180

  1. 从表象到本质 ... 180

  2. 事物与我合一 ... 181

  3. 概念的否定性 ... 182

二、绝对知识——最高的意识形态 ... 183

  1. 绝对精神与绝对理念 ... 183

  2. 认知活动与哲学 ... 183

  3. 认识与自由 ... 184

三、意识形态运动的完成 ... 185

  1. 概念 ... 185

2. 自然 ... 185

3. 历史 ... 186

结束语 ... 188

第一版后记 ... 190

综 论

一、黑格尔其人及其"天书"

黑格尔这个人，现在大家公认是一个伟大的哲学家，他的哲学是马克思哲学的直接先驱。他不但有深刻的思辨能力，而且有丰富的学识与阅历。这两点是从事哲学研究的人必不可少的。因为哲学研究涉及自然界、社会历史以及思维活动自身各个领域，如不通晓人类全部知识的主要环节，你就不可能进行哲学的综合。有了知识的积累还不行，还要有颖悟洞察的睿智与思辨剖析的能力，才能消化知识、抓住线索、穷究意蕴、融会贯通。黑格尔正是由于具备了这两方面的条件，所以才蔚为大家，创造出迄今仍令人叹为观止的庞大而深刻的体系。从宇宙自然到社会人生，他都留有富有启发的创见，即令是不尽恰当或错误的见解也可以促进人的深思，开拓走向真理的途径。因此，阅读黑格尔的著作，只要你不拘泥于章句之间，无疑地对你的智慧是一个极好的锻炼。

这样一个哲学巨人，却不是一个生而知之的天才，相反，他在学生时代是平庸无奇的。黑格尔攻读的是神学，毕业时，老师给他的评语是："健康状况不佳，中等身材，不善辞令，沉默寡言，天赋高，判断力健全，记忆力强，文字通顺。作风正派，有时不太用功，神学有成绩,虽然尝试讲道不无热情,但看来不是一名优秀的传教士。语言知识丰富,哲学上十分努力。"这个鉴定看起来并不算特别好。

黑格尔既然受的是正统的神学教育,因此不可能不使他的思想蒙上了上帝的阴影,他的"绝对精神"实际上便成了上帝的思辨的灵魂,以致他的整个体系无法摆脱宗教的偏见。然而在他年轻成长时期,正碰上法国大革命在欧洲掀起的强烈的政治大震荡。面对可怜的四分五裂的落后的德国,他从法国大革命看到了祖国的希望,因而,热情歌颂法国大革命,向往民主与自由,从而使他的保守的体系闪烁着革命的火花。但是,他究竟是一个学者而不是一个政治家,在他毕生的教学生涯中,他勤奋钻研,积累了大量资料,涉猎了人类知识全部领域,旁征博引,论及各派,综述诸科,学贯古今。更为重要的是,他的超常的"哲学沉思",使他能驾驭思想素材,深入现实底蕴,从而构造出庞大的有机的哲学体系。尽管这个体系有着十分明显的唯心主义特征,但其中却充满了现实的内容,蕴藏了人类的宝贵的精神财富。

宗教的训练、政治的影响、学识的渊博、哲学的沉思,是黑格尔成其为这样一个黑格尔的四根主心骨。这个骨骼框架便构成了黑格尔体系的轮廓,它的雏形便是1807年1月写成序文的《精神现象学》。

《精神现象学》晦涩难懂超过黑格尔的其他著作,它真是一部"天书",意蕴深沉,见仁见智,均可掠影窥踪。从贬义而言,此点恰足以暴露此书命意的模糊性、不确定性、逻辑歧义性;从褒义而言,此点又体现了此书的涵盖性、通观入里性、辩证灵活性。其实优缺点从来都是一体两兼的,《精神现象学》即令有种种谬误,甚至有致命的弱点,但也错得富有启发性,致命中孕育着生机。黑格尔这部年轻鼎盛时期的著作奠定了他哲学王位的坚实基础。

二、《精神现象学》在黑格尔哲学体系中的地位

黑格尔预计要写一部宏伟的著作，定名为《一个思辨哲学的体系》，这个体系包含四个部分，即精神现象学、逻辑学、自然哲学、精神哲学。逻辑学是体系的基本理论，自然哲学与精神哲学则处于应用逻辑的地位。而精神现象学则从生长发育的观点历史地论述"哲学"作为一种最高级的意识形态，如何从最低级的直接的意识形态通过一系列的中介环节辩证地演化生成。

这真是一个伟大的创举！黑格尔将看来彼此不相干的各种"意识形态"有机地串联起来了；将看来外在并列的各门"科学知识"辩证地沟通起来了。虽说其中不乏牵强附会的成分，但这种构思却是十分合理的。

1. 作为体系的导言

《精神现象学》既是从生长发育观点出发论述哲学的生成，它实际上首先便成为这个庞大哲学体系的导言。这是一个罕见的长达43万字（按中译本计算）的导言。

这个导言的特色在什么地方？黑格尔在考察人类意识形态的生长发育过程中，论证了哲学产生的逻辑的与历史的必然性。

哲学，作为一种意识形态、一个科学体系绝不是凭空产生的，它有其自身的产生与发展过程。人类的诸意识形态及与其相应的诸科学知识也不是彼此孤立并列的，它们都是在人类意识形态的发展过程中，作为某一特定环节而出现的。因此，看来是独立的形态、并列的学科，在意识形态的整体发展过程中连为一体了。它们不单

是空间上平行并列的、时间上前后相随的，而且是一个内在相关的具有历史继承性的辩证发展过程。

其次，哲学作为"科学的体系"（System der Wissenschaft），不同于那些比它先出现的诸意识形态，相对于哲学而言，那些形态一般讲是"现象的"、尚未上升到本质从而对整个宇宙人生做出概念的规定。

因此，哲学作为科学体系首先表现为一个概念系统。当然一般科学也是一个概念系统，但这两种概念是有区别的。哲学在其他意识形态发展的基础上，又经历了一个自身发展过程，最后形成一个不断前进的"辩证概念系统"。这里提出辩证概念（Begriff），主要是与一般科学中的知性概念（conception）相区别。辩证概念是过程（becoming）的反映，它是动态的、综合的、具体的；知性概念是存在（being）的反映，它是静态的、分析的、抽象的。

这两种概念的区分，我认为是十分重要的。哲学作为一个科学的体系不同于实证科学体系，它把点状的"存在"纳入变化之流中，而视为一个"过程"。世界上万事万物，从小到大，都不是一个个孤零零的点状存在，而是一个生灭过程。因此，任何事物作为过程来理解才是完整的。我们常讲的"盖棺定论"，就是说评价一个人应从其一生的整个历程着眼，否则便是不完整的有欠缺的。

过程性的思想一直被恩格斯看作是辩证法的伟大的基本的思想。这一思想在黑格尔关于概念（Begriff）的规定中便已见端倪了。

最后，黑格尔指出这个意识形态发展的最后归宿是绝对知识。这个绝对知识就是作为科学体系的哲学自身。

意识形态或精神现象，一般可以通用。意识或精神泛指全过程作为通称而混用，黑格尔使用时常常是不加区分的。但是，意识和精神，如作为哲学概念系统发展过程中某一环节，便有其各不相同的特殊规定。它们是作为意识形态或精神现象的发展过程的起点与中介而存在的，其最后归宿是"绝对知识"。绝对知识即哲学是意识精神发展的完成，是真理的最终显现。真理是绝对的，它就是绝对精神、绝对理念、绝对知识。黑格尔这类观点经常为人所疵议，认为绝对真理的显现，便意味着他的辩证法的终结。我认为这样的批评并不完全公允。如果将黑格尔体系之中每一项具体内容宣布为"绝对真理"，那当然是错误的。但是，如果我们看到黑格尔将哲学看成是圆圈形的辩证运动的理论形态，从而指出"真理和现实正是这种回到自身的圆圈式［辩证］运动"时，难道不服膺这种辩证的"绝对真理"的天才描述吗？因此，绝对真理的提出不是辩证法的终结，而是将辩证运动自身提高到无待的绝对的程度，从而明确了辩证法无可争辩的普适一切的历史地位。

"绝对"，并不可怕。有人以为"绝对"是使人落入形而上学的陷阱，其实，恰好相反，绝对是恶的无限性的否定，是对永远达不到的"有待"的克服；绝对是真实的无限性。"自成起结、自足无待、无限可寻、真理显现"，这便是"绝对"的要义。因此，绝对就是那个无限的辩证运动自身。哲学，作为绝对知识就是关于这个运动的真理体系的知识。

黑格尔的《精神现象学》，千言万语无非是引导出"哲学"，使人能透彻理解它作为最高的意识形态是如何产生与发展的。因此，《精神现象学》作为黑格尔哲学体系的导言，主要是为他的哲学的出场作铺垫。我们经常习惯于下定义，这似乎非常简明扼要。什么叫哲学？哲学是关于自然、社会、思维的一般科学。这种方法的知性思维性质是十分明显的。哲学作为宇宙人生的辩证运动的知识，作为最高的意识形态，用下定义这类知性思维方法，根本就不能把它的意思完整地恰当地概括出来。黑格尔这种历史地辩证进展的方法是值得我们认真学习的。

2. 作为体系的缩影

黑格尔哲学体系由《逻辑学》、《自然哲学》、《精神哲学》三大部分组成。

《逻辑学》是一个抽象的逻辑范畴体系,它概括地表述了自然界和社会意识的发展的理论内容。所以,恩格斯甚至说《逻辑学》的"本质论"就是黑格尔的自然哲学。与大部头的黑格尔《自然哲学》相比较,"本质论"是极为简练而深刻的,它是自然哲学的抽象的逻辑概念的表达。

《逻辑学》深入地论述了逻辑范畴结构与思想的历史发展的同一性。历史的起点就是逻辑的起点。黑格尔认为西欧哲学真正开始于巴门尼德斯,这是哲学思维的历史起点。于是巴门尼德斯的"唯一存在"就成了黑格尔的逻辑体系的出发点。以后逻辑范畴的推移转化,基本上都有哲学思想历史发展的背景,虽说不少地方比附得十分勉强。

《自然哲学》虽说其中不少具体内容与当代实证科学发展的现状相抵触,特别是做出的某些哲学的引申与概括是十分荒谬的,但是,黑格尔力图从实证科学的发展中找出辩证思维运动的科学根据,这种用心是可取的。他把《逻辑学》"存在论"中着重论述的质量互变问题与机械力学现象结合起来;把"本质论"中着重论述的对立面相互渗透问题和物理学中的两极性、化学中的有限过程性结合起来;把"概念论"中并贯通整个逻辑体系的否定之否定或对立的统一问题和有机生命的无限过程性结合起来:这些是被自然科学家唾弃的《自然哲学》中极有价值的万万不可弃置的卓越思想。(参见拙著《辩证法史话》修订本,第213—221页)

《精神哲学》突出了人的问题。黑格尔所谓的主观精神，实际上讲的是人作为个体，个体意识的生长发育过程。它自身相关、本身自足，是关于人的生理与心理状态的描述。所谓客观精神，实际上讲的是社会意识，例如道德、政治、法律等。它意味着个体意识超出自身而与他物发生关系，从而构成现实社会。伦理与政治规范是社会意识的基本内容。至于绝对精神乃是主观精神与客观精神的统一。至此，客体与主体是同一的；自然界与人类是同一的；对象与精神是同一的。绝对精神，通过艺术、宗教而进入哲学，从而达到自身的完全显现。

《精神现象学》具体地贯通地涉及黑格尔哲学体系三个组成部分的主要内容。精神现象发展可划分为六个阶段：意识、自我意识、理性、精神、宗教、绝对知识。大致讲来，从意识到理性的探讨涉及逻辑认识论、无机界、有机界、生命现象、个体的心理状态与意识的形成等问题；精神则涉及伦理、道德、政治、法律等问题；宗教与绝对知识则涉及艺术、宗教、哲学等问题。这些，正是黑格尔在他的《逻辑学》、《自然哲学》、《精神哲学》中充分展开加以论述的。

由此看来，《精神现象学》可以视为黑格尔哲学体系的缩影，这个庞大体系的基本原则、内容、结构等都可以在《精神现象学》中找到根据，因此，我们可以把它视为黑格尔哲学的简本。马克思曾经指出：《精神现象学》是"黑格尔哲学的真正诞生地和秘密"。（《马克思恩格斯全集》第 42 卷，第 159 页）只要我们真正掌握了其中的奥秘，黑格尔体系的迷宫之行就有了可靠的向导。

3. 作为体系的归宿

关于人性的研究，一般讲，好像是费尔巴哈的专长，殊不知，人性解剖、人类尊严的突出却是黑格尔体系的归宿。天人合一，绝对精神与人类精神合一，这就是黑格尔体系最后的结论。《精神现象学》正是以人为中心展开的。黑格尔认为："人类被提升到了一切哲学的顶峰，……我相信，人类本身受到如此尊重，这一点乃是这时代的最好标志。"（转引自张世英：《论黑格尔的精神哲学》，第9页）黑格尔的资产阶级人文主义世界观对他的哲学体系的构成是有极其深刻的影响的，他关于人性问题研究的独到见解远远超出了英法诸流派以及他的后继者费尔巴哈。只有马克思和恩格斯才真正掌握了这一点黑格尔哲学的精髓，通过扬弃从而创造了现实的人及其历史发展的科学。

（1）从自然研究进展到人的本性的研究

黑格尔把有机生命的出现看作是自然界的最高成就。然而，自然的人并不是现实的，甚至可以说，这样的人与动物并没有本质的不同。在兽性之中如何生长出人性来？这是一个十分重要的问题。黑格尔认为人必须生活在社会关系之中才是现实的。他在《精神现象学》中通过家庭、民族、伦理、政治诸关系来描述人及人所组成的社会，并进一步研究人类的精神生活，从而在人类精神中找到了他那个高高在上的绝对精神的原型。我们只要去掉他所设置的那些唯心主义屏障，就可以看到那个与自然的人相区别的现实的人。因此，马克思的关于现实的人及其历史发展的科学，与其说导源于费尔巴哈的人本主义，不如说直接来自黑格尔的《精神现象学》。

（2）人的自我解剖是人类哲学思维趋向成熟的表现

把人本身作为哲学的论题，既是研究自然界必然的归宿，也是人类哲学思维趋向成熟的表现。当人类精神驰骛于外部世界，目极天边，明察秋毫，知之愈审，惑之愈深。因为那个观察认知的主体——"人"之功能是没有经过论证的，而是承认其为当然。"当然"也者，乃相信其可靠，是否真正可靠，仍属疑问，因此观察认知的结果亦属疑问。自从康德以来，明确提出对认识的主体应首先加以认识的问题，人类认识能力的研究就显得更为重要。这一研究属于人的自我解剖的一部分。黑格尔的《精神现象学》对人进行了全面的自我解剖，即从知、情、意三个方面具体剖析了人性。这样的剖析中，虽然有不少神秘的暧昧的成分、荒诞无稽的篇章，但是却有不少现实合理的内容。这些内容迄今仍然对我们研究人性有启发作用。

哲学进入人自身的研究是一个飞跃。可以这样说，没有人介入的哲学，是低级的不现实的哲学。即令是专门从事自然界的哲学研究，如不进展到人及其社会历史的研究，它也是不完整的、缺乏绝对真理性的。

（3）精神状态是宇宙发展的完成形态

无机自然界是宇宙发展的起点，它继续前进，出现有机现象、生命现象，于是，自然界便达到了光辉的顶点。在生命不断发育过程中，出现思维、意识、精神机能，这是一种非物质性机能，是自然界、物质世界的异在，是自然界自身的否定因素，物质派生的非物质现象。从此，这个宇宙出现了物质世界与精神世界的对立。一个事物如若未曾产生内在的差别性，它便是一个抽象物，不具备具体的同一性，因而是不现实的。因此，我们生存于其中的这个宇宙，当人及其精神世界尚未作为宇宙的内在否定性出现以前，它只能是抽象的、潜在的、不现实的。它的亿万斯年的行程只是一段空白。有了人及其精神世界，宇宙才有了一面反观自照的镜子，才有了定向发展、催化加速的能力。于是自在的宇宙变成了自为的宇宙。宇宙的能动性、自觉性、定向性的发挥，方兴未艾。

实证科学家奢谈所谓纯客观的研究。什么叫纯客观？没有人类精神介入其中，没有主体与之对应的世界，可能就是"纯客观"。

但是，这种世界亘古如斯、自生自灭、全无自觉。既然作为宇宙主体的人类精神尚未展开，就谈不上什么研究。其实，现实的宇宙，从来不是纯客观的，而是客体与主体对立的统一，自然界与人类对立的统一，物质与精神对立的统一。任何科学活动，包括实证科学的研究，总是受到人类、社会、精神的制约的。

我们生存于其中的这个世界之所以生气勃勃，气象万千，就在于人类精神世界的迅猛发展。短短 5000 年的人类文明史，才使那个茫茫荒原的沉睡多少亿年的地球变得如此璀璨绚丽。因此，精神状态的出现才是宇宙发展完成的标志。

黑格尔的《精神现象学》全面地深刻地刻画了人类精神世界的辩证运动。它对"精神意蕴"的揭示，虽然不无观点的偏颇、论证的晦涩、材料的粗放，但从其总体而言，它给人启发之深是无与伦比的。即令是黑格尔自己的后出的《精神哲学》似乎也不能与之相比拟。

三、《精神现象学》与马克思主义哲学

从 1844 年马克思的经济学与哲学的手稿中我们便可以见到《精神现象学》对年轻的马克思的巨大影响。马克思指出黑格尔这本书的最后成果是：第一，揭示了辩证法最基本的特征是"否定性"；第二，辩证法的基本原则是"推动原则和创造原则"；第三，辩证法把现实的真正的人的自我产生看作是一个外化及外化的扬弃过程，而且人之所以是现实的真正的是"**他自己的劳动**的结果"。(参见《马克思恩格斯全集》第 42 卷，第 163 页) 黑格尔这些成果都被马克思吸收消化加以改造，成了他的辩证唯物论与历史唯物论的根本原则。当然黑格尔思想对马克思主义哲学形成的广泛而深刻的影响是难以尽述

的。现在只想就三个方面谈谈黑格尔哲学与马克思哲学之间的关系。

1. 关于认识论问题

哲学本体论的探讨是哲学研究的主体部分，但是由于实证科学的迅速发展，特别是理论物理学研究所取得的巨大成果，使得哲学上的心物之争，不但没有科学价值，而且鲜有理论兴趣。但是本体论问题仍然是哲学上的根本问题，它必须在实证科学所取得的成果的基础上前进，深化物质概念，重估意识精神的实质及作用，这一任务是十分艰巨的。另一方面，认识论的探讨必须在本体论的基础上进行。认识论上的理性主义或经验主义，如不联系本体论加以考虑，就很难断定谁具有真理性。

近世以来，西欧由于实证科学的发展占据支配地位，唯物的出发点仿佛是不言而喻的。唯物的立场在实证科学研究的事业中，作为一个必然性的前提，可以略而不提。于是，研究的突出问题是：科学方法及思维方式问题。这些，从哲学而言，便是认识论问题。

认识论问题成了近世西欧哲学的主流，特别是康德哲学的问世，风靡了欧美各国哲学界。康德对认识主体，即对人的认识能力的考察，对二律背反的研究，对后世均产生了深远影响。但是，关于认识能力的三分，即分为感性、知性、理性，似乎未得到充分的展开；二律背反虽然涉及矛盾、辩证法等问题，却似乎缺乏足够的自觉性。

黑格尔则将康德哲学中潜在的因素充分展开了。差不多在黑格尔的各种著作中都有关于感性、知性、理性的论述；至于辩证法，如果在康德哲学中寻找是一个白费气力而很少报酬的工作，那么，在黑格尔那里就充分发展而成为一个完备而深刻的体系了。

在认识论问题中，我这里着重谈谈三分法问题。《精神现象学》

前三部分，相当细致而深刻地分析了感性、知性、理性问题。认识能力的三分不是随意凑数的，黑格尔曾经俏皮地善意地嘲弄康德，说他在灵魂的口袋里摸来摸去，除感性、知性外，正好摸出了一个理性，好像理性是摸采式地摸出来凑数的。其实不是这个意思，这只表示黑格尔认为康德对"理性"的实质、作用以及与感性、知性的辩证关系说得不够充分罢了。

感性、知性、理性是认识能力展开过程的三个环节。感性是起点、知性是中介、理性是完成。不能把知性看成包含于理性之中的一个构成因素，如果这样，就抹杀了知性的中介性。三性是一个整体发展过程，它们彼此虽有区别，但相互联系，推移过渡，凝成一体。分别而言之，一个人观察敏锐，反应灵活，耳聪目明，是谓"聪明"，属于思维发展的"感性环节"；如果他进而善于分析对比，鞭辟入里，洞察入微，是谓"机巧"，属于思维发展的"知性环节"；如果他再进而能综合联系，抓住过程，通观全局，是谓"智慧"。"聪明—机巧—智慧"是人类自身思维认识能力发展的全程，是一以贯之的。如果停留在第一环节，成果止于常识；停留在第二环节，成果止于实证科学；若能在前两个环节的基础上归结到第三个环节，则终成"正果"而达到哲学的意境。于此，不要误解，好像感性环节属于经验范围，知性环节属于抽象逻辑范围，只有理性环节才是辩证的。应特别强调，它们是思维前进运动过程中不可分割地内在联系的三个环节。如果将它们外在地孤立起来，则第一环节就变成表面的经验积累；第二环节就变成片面的抽象分析；第三环节由于失去了它的起点与中介，就变成独断的僵化公式。

马克思主义认识论只能是唯物的、辩证的；只能是哲学本体论的延伸。它决不能成为普通心理学、形式逻辑的杂拌。那种将感觉、知觉、观念、概念、判断、推理，凑成的所谓认识体系是不可取的。黑格尔关于感性、知性、理性的许多新颖而独到的见解，只要我们善于批判地汲取，对我们开展认识论的研究是极有裨益的。

2. 关于辩证法问题

《精神现象学》是黑格尔辩证法天才的见证。他不是抽象地客观地论述辩证法，而是让精神现象自身的发育生长过程来体现辩证法。因此，在《精神现象学》中，辩证法是活生生的。我们仿佛可以触及黑格尔的思想脉搏，随着他的思路作螺旋形的起伏；我们仿佛在聆听一支优美的思辨的圆舞曲，动人的节拍在心头跳跃。

这个辩证法，简单讲来，就是圆圈形运动。拿列宁更确切的比喻来讲，就是螺旋形上升运动。这是一个肯定、否定、否定之否定复归于肯定的辩证前进运动，即"肯定—否定—肯定"、"正—反—合"。精神意识的辩证前进运动就是一串圆圈形过程，一环套一环地不断地前进，在前进中又不断地返回，在返回时又继续前进。在《精神现象学》中我们碰到的辩证法不是独断的僵化公式，而是优美动人的旋律。

这种融会贯通的辩证法实践，不是任何人都能得心应手的，没有严格的思维训练的基本功，是不可能企及的。这个基本功主要是什么呢？是知性分析训练。人们往往把知性分析同辩证思维对立起来，把知性分析当作孤立的片面的静态的形而上学而加以唾弃。这一误解是我们在辩证法的研究中，理论上少有进展，应用上收效不大的根本原因之一。

知性分析是进入辩证综合的中介。没有知性分析，辩证综合就失去了凭借。所谓知性分析，即对客观对象进行解剖，从而找出其量的规定性，进一步确定其内在根据。它是辩证思维的中介与基础，是人类智慧形成的前提。无视这种严格的精确的思维训练，而妄谈什么辩证法，就只能流于玄虚的空谈、僵化的形式、诡秘的隐喻、神灵的圣谕。

因此，进行辩证思维锻炼的先修课程是知性分析训练。学习逻辑与数学是知性思维训练的最好办法。黑格尔曾经说过："数学在本质上是一门知性科学，并且，既然数学能够用完善的方式成为这样一门科学，所以，数学反而保持了超过其他这类科学的优点，既没有由于掺杂异质概念而受到玷污，也没有因为用于经验目的而受到玷污。"（《自然哲学》，第 52 页）黑格尔认为数学是一门最精纯完善的知性科学，因此，数学训练以及与它同质的逻辑训练，是锻炼知性分析不可缺少的一环。从事实证科学研究的人，由于实证科学的知性特征，研习数学已有高度的自觉。但是，从事哲学与辩证法探讨的人，似乎就不大感到研习数学的重要性了，致使他终生不得不在辩证法的门外徘徊。当然，通过数学、逻辑而获得的知性思维训练，只是达到辩证的理性思维的否定性环节。否定必须再被否定，才能从知性过渡到理性，从分析走向综合。知性分析训练，对于研究实证科学的人而言是牢牢地掌握它，对于研究辩证法的人而言是既要掌握它同时又要抛弃它。认识这一点是十分微妙的。

3. 关于唯物史观问题

1890 年 10 月 27 日，恩格斯给斯米特一封信，讲到经济领域对思想领域的影响的时候，提到哲学是"更高地悬浮于空中的思想领域"，他还指出："每一个时代的哲学作为分工的一个特定的领域，都具有由它的先驱者传给它而它便由以出发的特定的思想资料作为前提。"（《马克思恩格斯选集》第 4 卷，第 484—485 页）在这里，恩格斯提出了意识形态自身发展的层次性和思想资料的继承性问题。可以明显地看出恩格斯是深受黑格尔的精神现象学构思的影响的。

黑格尔认为意识形态的发展，由直接意识逐步递进，经过六个重大环节，达到绝对知识，即达到哲学。哲学属于最高层次，也就是说它更高地悬浮于空中。意识形态的层次递进性，突破了外在并列的机械观点，它从历史发展之流中见到诸意识形态纵向联系过渡的动态特征，从而最彻底地批判了意识形态领域中的形而上学观点。黑格尔这一独到的观点为恩格斯进行唯物地改造后所接受，成为唯物史观的一个根本观点。

思想无疑地归根到底为经济条件所制约，但是我们不是简单的经济决定论者。我们认为哲学作为一门有关思想意识的科学，它在形式上要以先驱者的特定思想资料作为前提。因此，马克思主义哲学以德国古典哲学，特别是黑格尔哲学作为最直接的先驱。要想对马克思主义哲学有深入贯通的理解，必须了解德国古典哲学，特别是黑格尔哲学。恩格斯甚至说出"没有黑格尔当然不行"这样的话。关于这一点，现在越来越多地为人所重视了。可以期望马克思哲学研究将会更上一层楼，这是值得欣慰的。

那么，黑格尔著作的最大特色是什么呢？那就是其中所包含的深刻的历史感。黑格尔分析观察世界上万事万物以及反映它们的思想概念，从来就不把它们看成是彼此相外的，只是在空间中并存的，而是认为它们彼此之间及其自身都处于历史演化过程之中。离开历史进程的孤立事件是不能理解的。

历史感是逻辑分析的现实根据与必要补充。没有历史发展的客观必然性作为现实的根据，逻辑分析就变成人类头脑里臆想出来的东西；没有历史发展的具体事件的印证，逻辑分析就空洞、僵化而无生命。历史具体性与逻辑合理性是统一的。

历史感又是辩证思维的现象形态。辩证思维是人类发展到高级程度的一种思维形式，此时人类已能领会事物的过程性，以及过程之间的相互联系性。整体概观是人类智慧高度发展的成果，这一点也是辩证思维的特征之一。整体概观的现象形态就是那个绵绵无尽的历史之流，这个历史之流所显示的历史过程性，我们是可以统摄把握的。历史感就是统摄把握历史全程的直感，它是现实的因而是具体的客观辩证运动的表现。

黑格尔在哲学上的伟大成就，恩格斯就认为是由他的深刻的历史感所策动。现在，我们从三个方面进一步探讨这种伟大的历史感所包含的理论内容。

（1）历史感的直观性与具体性

以历史之流或历史过程作为对象，就不是一般感觉对象。我们可以感觉到山川草木、鸟兽虫鱼，但不可能感觉到"历史过程"。但历史过程又不是通过思维以概念的形式加以理解的，它由历史事件与人物所组成，事件与人物相互联系与过渡，形成一个特定的流程。这个流程既不能感觉也不能思考，只能"统摄"而把握于心中。统摄具有直观性与具体性，但是这个直观不同于对一个个体物的观照：外部勾勒、形象逼真；统摄的直观只是一种意境的想象：意会心观、包摄贯通。至于统摄的具体性，不是感觉之中那种单一的个体性，而是过程的整体性。

历史感的这种直观性与具体性，使它成为发展观念的现象形态，从而使"发展"变得可以捉摸了。

（2）历史感的过程性与概括性

历史绝不是一个个孤立的历史事件的总和，不是各种人物和事件的偶然凑合。一个史学家若以有闻必录，记述一人一事的始末为目的，严格讲，是不能称作史学家的。王安石是很轻视孔夫子的《论语》的，不像赵普那样高度颂扬，说什么"半部《论语》治天下"。王安石还说《春秋》是"断烂朝报"，不过是一堆破烂报纸。

这就是说,《论语》没有充分揭示历史发展的必然性、过程性。黑格尔也不赞成将历史变成单纯事件的记述。他说:"我们德意志人是以这类记述为满足的。法国人就不是如此,他们显出卓越的天才,使往昔的时代重新复活,使过去和现在发生联系。"(《历史哲学》,第45页)这就是说,应从联系、过程的角度来研究历史,才是科学的态度。马克思的《路易·波拿巴的雾月十八日》可以说是历史研究的一部典范作品。这才是真正精彩的科学理论著作。

历史的过程性如何形成呢?关键在于能否对历史的进展做出适当的概括。这就是说,要善于抓住历史进展中最本质的东西,找出贯通诸事件的线索。于是,看来是离散的纷繁的杂乱的人和事,一下便串通起来联成一体了。历史要想从"无序"走向"有序",重要的是抓住本质与线索,才能理顺各种关系,揭示出历史的过程性。

(3)历史感的否定性与变易性

历史发展过程是前进运动。这个运动的动力是什么呢?是历史自身具备的否定其自身的因素,即历史的内在否定性。

什么是历史的内在否定性呢,就是历史自身产生的差别性,这种差别性的外部的显现就是行动、运动一类东西。因此,内在否定性是前进运动的根据。历史的内在否定性当然不能归结为历史虚无主义,相反,它是历史不断更新、永远进取的契机。

因此,历史不是某些事件周而复始地重演,而是变易更新的。变易性保证历史常新,提供英雄人物的广阔的创造天地。

我们简略的论述尚未穷尽"历史感"的丰富内容,只有深入黑格尔哲学王国的领地之中才可能有亲身的具体的感受。

具有这样一种深刻的历史感的伟大哲学家怎么可能在自然界研究中失误呢?不是有这样一种流行的批评吗?说黑格尔不承认自然界在时间上的发展,只能在空间中展开它的多样性。这其实是一种误解。黑格尔在他的关于自然界的一般分析中，有"时空一体性"的观点，这就可以证明他还是承认自然的历史发展的。在《自然哲学》中，他曾讲过："地球无疑必须被看作是有生有灭的东西，地球和整个自然界必须看作是产物。"（《自然哲学》，第385页）这里不是十分明显地承认自然界有时间上的发展吗？那么，为什么有上述的误解呢？黑格尔曾经反对"地球构造说"的论点。他说这种学说的主要意趣在于时间规定，热衷于研究哪个岩层最古老等。黑格尔认为这种说法只不过是把空间上的彼此并列变成时间上的先后相继，没有多大的理论趣味。这不过是对某一学科的某个论点的一种评价而已。其实讲空间上的并列与讲时间上的相继，是一而二、二而一的。休谟的因果论讲的也是前后相继，这只是外在的纵向排列，并不等于承认历史发展。这个将横向变成纵向，确实没有多大哲学意义。黑格尔的批评主要是指出"地球构造说"尚未达到理性阶段。将黑格尔对实证科学某一论点的评价做出主观引申，从哲学的高度得出黑格尔不承认自然界在时间上的发展，这显然是不妥当的。

在《精神现象学》中，黑格尔论述概念的推移过渡时，也不是那种毫无思想性的外在纵向前后相继的排列，或出自主观的任意构造，虽说其中有一些主观臆想的成分。一般讲，黑格尔力图排除外在机械论与主观臆想论的倾向，以客观历史发展为依据来考察概念的辩证发展。这个辩证发展，表现为特定过程的扬弃、交替与转化。转化过程的新旧递嬗，表现出继承性与层次性，后一层次高于前一层次，又产生于前一层次并包融前一层次。这一论述的辩证联系与转化是十分明白的，绝不是那种外在纵向前后相继的排列所能鱼目混珠的。因此，黑格尔认为讲时间上的前后相继没有多少理论趣味，只是鄙视一种形而上学的粗俗观点，而不是不承认时间上的历史发展或辩证转化运动。至于说到黑格尔的形而上学，归根到底，是在他的唯心主义前提里面。

关于意识形态问题的研究，在历史唯物主义中是一个非常薄弱的环节。个别意识形态的探讨虽然有一些，但诸意识形态之间的相互联系、推移转化的研究几乎谈不上。而黑格尔在这一方面的贡献，我认为其他人尚没有逾越他的重大成果。因此，黑格尔的著作，特别是《精神现象学》，是可以借鉴的。

意识形态的研究不但重要而且迫切。诸如伦理、道德、宗教、艺术的实质与相互联系，我们实在搞不清楚，就是连"政治"作为一种意识形态，我们一直把它视为当然的、不言而喻的，也很少对它作过全面深入的系统的科学研究。对宗教则将它与迷信等同起来，简单骂倒、强制禁绝。其实宗教的存在既有其客观的社会背景，又有其心理的根据。不搞清这些，从而采取相应措施，宗教是不可能根绝的。强行禁止，只能得到"欲禁弥彰"的相反结果。

现在我们都已感觉到，我们与世界各国，特别是与欧美、日本相比，自然科学、技术科学方面差距很大。但是，文化与社会意识形态方面，我们则优胜多了。其实，不同民族、不同时期、不同地域所产生的文化、思想意识体系是不可比的。它们各自的特异部分只能在其内部比较，凭其利害的判断与感情的爱憎以定取舍消长；但它们之中也有属于人类共通的东西，因此各体系之间可以相互借鉴、取长补短。

马克思主义哲学自从受到"四人帮"假马克思主义者严重糟蹋以来，声誉有所败坏。一些人对现代西方哲学无原则地大唱赞歌，或无批判地大量介绍，任其广为传播。马克思主义哲学理应有克制现代西方资产阶级哲学思潮的能力。但是，由于我们多年的哲学研究与宣传，传授给人的只是一些僵化的教条与公式，这些堂·吉诃德式的头盔与长矛，对时髦哲学的入侵是无法招架的。因此，真正的马克思主义哲学的再学习是当务之急。

马克思主义哲学再学习的任务，包括对它的理论来源——黑格尔哲学——的批判性的研究。黑格尔哲学虽然也是来自西方，但德国古典哲学，包括黑格尔哲学，是想要革命的德国资产阶级的产物。因此，在它的唯心的结构、形式的框架、神秘的气氛之中，却隐藏了革命的、科学的、现实的内容，从而启发了马克思、恩格斯，创立了马克思主义哲学。

因此，当此黑格尔《精神现象学》出版180周年之际，我们开展对180年以前的这部不朽的"天书"的探讨，对我们深入学习马克思主义哲学，正确对待西方时髦哲学思潮是十分有益的。

第一章　哲学研究与科学真理

《精神现象学》这部极其艰深晦涩的著作似乎是远离实际的，其实，恰好相反，它倒是有着十分现实的目的。黑格尔是一个热衷于政治，关心民族国家前途的人。他面对那个四分五裂的祖国，认为只有知识才是唯一救星：知识能够使我们对事变之来，不至如禽兽一般木然吃惊，亦不至仅用权术机智以敷衍应付目前于一时。他高度估计知识的力量和精神的作用，认为有了知识才能正确分析国家灾难的起源，有了精神才能克服灾难。

黑格尔这本书实乃济世救民之作，是他在法国革命精神的鼓舞下，意欲振兴民族国家而作。他于此宣称的"知识"非同一般，而是关于真理的知识。他认为只有哲学才能使我们获得真理，它是人类尊严与理性权威的确证。

哲学的繁荣，是德国希望之所在，甚至可以说是国际共产主义希望之所在。恩格斯便曾经说过："没有德国哲学，就不会有科学社会主义。"（转引自《列宁全集》第2卷，第5页）

那么，如何开展哲学研究，掌握科学真理知识呢？

一、只有科学体系才是把握真理的方式

关于真理的知识不是零星的、常识的、灵感的，而是科学体系

的最终成果。哲学作为一个科学体系，通过圆圈形的辩证发展，达到最后的辩证综合，即达到了绝对真理。因此，真理是辩证发展过程的归宿。如何才能把握真理？我们得从哲学研究谈起。

1. 哲学研究的理论结构与最终目的

黑格尔把哲学研究、科学体系、追求真理联系起来，这是十分有意义的。我们从事哲学研究的结果是什么呢？建立哲学的科学体系。这个科学体系最终达到的目标是什么呢？获得关于真理的知识，用以拯救民族国家，造福人类，推动社会不断前进。人们都以为哲学过分抽象而无实用，这是十分短视的。我曾经把哲学比作蓝天，它是那样地高不可攀、深不可测。其实蓝天却紧紧地包裹着大地，而且渗透到每一个人的身心之中，与我们紧相联系。因此，哲学并不是那样莫测高深，相反，倒是十分平易近人的，它近在咫尺、呼吸之间，并不玄虚。哲学要我们追求真理，就是教导我们扬弃事物的感性外观，深入事物的内在本质，好像抽象得很，实际上是更加接近自然，更加接近生活。

黑格尔说："由于在本质上哲学所探讨的那种普遍性的因素本身就包含着特殊，所以在哲学里比在其他科学里更使人觉得，仿佛就在目的或最终结果里事情自身甚至其全部本质都已得到了表达，至于实现过程，与此结果相比，则根本不是什么本质的事情。"（《精神现象学》上卷，第1页。以下凡引此书只注卷、页码）黑格尔在这里揭示了哲学的普遍性不是知性抽象的普遍性，而是包含特殊于其自身的普遍性。这种普遍性是具体的，因而是现实的。既然哲学所探讨的不是与实际远离的抽象原则，而是普遍与特殊的统一，这就意味着事情自身连同它的本质同时显现出来。事情连同其本质的实现过程的最终结果或目的才是本质的。这就是说：在过程诸环节推移前进中，环节作为达到目的的手段，相对于最终达到的目的而言是非本质的，而本质的显现便是事物发展过程的完成。因此，只有结果或目的才是现实的。

黑格尔这一思想显然与亚里士多德有关。他吸收了亚里士多德从潜能到现实的发展过程的思想，即亚里士多德的生长（growth）原则。它论述过程与目的的关系及其实质，把本质不看作既成的而看作生成的，过程完成则本质显现。这是富有辩证精神的。黑格尔认为新世界的诞生，正如初生儿一样，尚在发育成长之中，因而还不是一个完全的现实。"科学作为一个精神世界的王冠，也决不是一开始就完成了的。"（上卷，第7页）

那么，科学的完成、世界的发展，要达到一个什么样的形态才是本质自身的显现呢？黑格尔认为"只有真理存在于其中的那种真正的形态才是真理的科学体系"（上卷，第3页）。黑格尔不满意哲学仅止于对知识的爱，而必须成为真实的知识，成为真理，这就要求"促使哲学接近于科学的形式"（上卷，第3页）。

哲学就是热爱智慧，这是一个自毕达哥拉斯以来古老的传统的说法。这种说法的文学感情的味道是颇为浓郁的，但是这样一来，哲学就只是一种企望与向往，没有实质性的内容了。黑格尔对哲学做出补充规定：它是认识真理、追求真理的学问。这样，哲学的内涵就更加丰富而明确了。热爱智慧是哲学的感情表达，认识真理是哲学的理智表达，追求真理是哲学的意志表达。因此，哲学将真善美统一起来了，从而成为意识形态的最高表现。

关于"真"的问题，人们往往将它作为一个单纯的事实判断而与善和美这类价值判断相区别，殊不知"真"也是一个价值判断，而且是善和美的基础。"真"首先揭示事物的内在必然性，对事物做出本然的陈述；同时"真"又是行动的准绳、感情的依托。行动的方向正确才能成其为善，感情的流露真纯才能成其为美，因此"真"又揭示了事物之为善为美的实质，成为最高的价值判断。

哲学的陈述就是对真理的表达。什么叫作陈述？黑格尔有其独特的看法。他说："对那具有坚实内容的东西最容易的工作是进行判断，比较困难的是对它进行理解，而最困难的，则是结合两者，作出对它的陈述。"（上卷，第3页）判断、理解、陈述形成一个认识与表述真理的过程，它超越了逻辑推导进入了辩证分析，由此看来，哲学陈述不是知性逻辑的而是辩证理性的。

一般来讲，判断是属于结论性的意见，如果对如何做出这样的判断没有深刻的理解，那么这样的判断由于没有充分的理由作根据，就不是科学知识，而只是一种外在的强加的命令。只有在深刻理解的基础上进行恰如其分的判断，这样的判断才可以叫作陈述。

哲学陈述的真理性便在于它的充分合理性及决策指令性，因此，它不但有理论的意义而且有行动的意义。这点是哲学作为科学体系有别于一般实证科学体系之处。

但是，哲学并不排斥实证科学，没有全面的实证科学知识作基础，哲学只能是空中楼阁。重视知识的内在必然性，对于哲学与科学是共同的。它们一致要求深入事物的内部，揭示它的隐蔽的本质，构成概念体系。当然，两种概念体系不同，前面已有论述。现在侧重讲讲它们之间的联系。

知性概念的确定性是极为重要的，黑格尔指出："只有完全规定了的东西才是公开的、可理解的，能够经学习而成为一切人的所有物。科学的知性形式是向一切人提供的，为一切人铺平了的通往科学的道路。"（上卷，第8页）因此，如没有知性概念的确定性，人类思想的交流是不可能的，社会的联系与结成一个整体也是不可能的。它使人类的认知活动成为可能，从而排除了神秘主义倾向，确立了科学知识的地位以及科学知识的可理解、可传授、可向真理性认识过渡等特征。

这个确定性只要不把它孤立起来绝对化，就不是形而上学，而是辩证运动的前提。辩证法强调事物的不确定性，但并不否认确定性的存在。根本没有确定性，就谈不上不确定性。所谓"不确定性"，不过表示确定事物推移、过渡、转化为他物。如不首先确定一物为某物，就不可能有某物转化为他物。因此，确定是不确定的根据。由此看来，知性的科学概念不是理性的哲学概念的对立物，而是它的前提、基础与出发点。

没有确定性作根据并与之对应的"不确定性"是不可理解的，它是一个切不断的"流"，不容分割，稍纵即逝。人们认为只有直观顿悟才能把握；只能心领神会，不可言传。宗教唯心论喜欢这些东西，这倒是由它们自己的本性决定的；诗人艺术家也爱此道，这是由于他们忽视自己的思维推理活动，把自己内心蕴酿成熟的一些想法突然爆发出来，自以为是灵感的涌现，顿悟的结果。总之，他们强调知识的直接性，认为直观顿悟有它的神圣性与当然性。宗教唯心论者、诗人艺术家们有此癖好，可以让他们慢慢体验，自辨是非。但是作为以概念体系研究为自己的职志的哲学家与科学家如热衷直观顿悟之类神秘主义的玩意儿，就是最彻底的自我否定。

有一些科学家非常强调直观、顿悟、想象、灵感在科学研究中的作用。然而这些是不能理解、不可传达的，因而是违反科学本性的。科学家的"灵感"其实是略去一系列根据与前提的结论性意见。这个意见爆发出来，好像是一下子突然得到的，这其实是一种错觉。如果你对某一学科的某一个问题，没有充分的基础知识，没有对相关情况的深入了解，没有长期的深思熟虑，没有反复多次的失误，你的灵感怎么会突然涌现？在哲学与科学研究中是不能提倡这些的。

另一方面，科学也反对单纯的狭隘经验。科学固然要重视经验，客观经验是科学研究的出发点，但是，只有扬弃经验的表面性与主观性，才能进入科学的王国。

有一些科学家将客观自然界与经验等同起来，将个人一时一地的感觉所积累的材料，误认为是最可靠的。殊不知，未经科学鉴定，知性分析的材料有很大的主观随意性、表面现象性，是不足为据的。

黑格尔反对上述两种倾向，即"一方面的人在夸耀其材料的丰富和可理解性，另一方面的人则至少是在鄙视这一切，而吹嘘直接的合理性与神圣性"（上卷，第8页）。

以知性为特征的实证科学，既克服了经验的表面性与主观性，也克服了直观的神秘性与不可理解性，从而成为认识真理过程中的必要环节，以利于向哲学真理的实现过渡。

实证科学在它们各自的领域里，虽然可以取得某些具体的成果，但作为认识真理过程的中介环节，则不能停滞不前。如果它故步自封，自以为真理在握，则势将导致看重"一种无聊的外表上的差别性"的形式主义的后果，这就是说，此时科学所掌握的"不是从自身发生出来的丰富内容，也不是各个形态给自身规定出来的差别，而勿宁是一种单调的形式主义"（上卷，第9页）。

形式主义所坚持的是抽象普遍性，没有纳入思维发展的整体过程，认识真理的过程的知性思维的特征也是抽象普遍性。知性思维要求建立区别与规定是完全必要的，但是，自辩证法而言，这些区别与规定只是中介、过渡，它们必须被扬弃，最后消融而转化。"科学作为一个精神世界的王冠，也不是一开始就完成了的"（上卷，第7页），它在不断地消融区别与规定中前进。区别与规定的消融，就是抽象普遍性的扬弃，就是知性过渡到理性，科学上升到哲学，也就是真理的显现。

这是一个科学的完成、哲学的产生、真理的实现过程，也是精神从现象进入本质的过程。它是通过辩证的进展逐步完成的。黑格尔十分精辟地描述了这一过程："事实上，精神从来没有停止不动，它永远是在前进运动着。但是，犹如在母亲长期怀胎之后，第一次呼吸才把过去仅仅是逐渐增长的那种渐变性打断——一个质的飞跃——从而生出一个小孩来那样，成长着的精神也是慢慢地静悄悄地向着它新的形态发展，一块一块地拆除了它旧有的世界结构。"（上卷，第7页）

哲学的科学体系的诞生是精神的巨变，是精神的本质的揭示，是精神成熟脱胎而出的结果。从此精神有了恰当显示自己的客观实体了，它硕大的头脑上的金色的耀眼的光轮，便是驱散人间黑暗的"真理的光辉"。

2. 科学体系的发生过程

上面我论述了哲学研究的理论结构和最终目的问题。简言之，哲学的结构就是"概念系统"；哲学的目的就是"追求真理"。因此，从事哲学研究，不是玩弄概念游戏；也不是死背僵硬教条作为谋生的手段。马克思便认为从事理论工作是最高尚的，因为它追求真理，为人民谋幸福。因此，哲学家终生要为追求真理、捍卫真理，为真理的实现、人民的幸福而斗争。

哲学作为科学体系是如何产生的？黑格尔说："这部《精神现象学》所描述的，就是一般的科学或知识的这个形成过程。最初的知识或直接的精神，是没有精神的东西，是感性的意识。"（上卷，第17页）因此，知识的形成的最初阶段，那个直接精神却是没有精神的，也就是说，还没有达到作为概念表现的知识的科学形态。要达到这一点必须经历一段漫长而艰苦的道路，这里没有什么捷径。但是黑格尔认为知识界与此大相径庭的三种不良倾向是值得注意的。

第一，那些与科学发展本性背道而驰的、"科学入门"之类庸俗低级的作品。这些作品将某些科学原则一知半解地加以稀释，然后找出与这个"科学原则"外部某些地方近似的例证或故事，主观比附引申一通。这类作品对科学普及不但无益反而有害。通俗化的科学普及读物，严格讲，比写一本专著更难。作者必须对该学科的内容与历史有透彻的理解，有极高的去芜存菁的能力，有深入浅出的文字表达工夫，还要熟知对象的疑难之所在；只有具备了这样的条件，才可写出一本好书。黑格尔的《小逻辑》就是《大逻辑》的通俗简要本，他说，他是为那些只具有有限智力的人写的，例证都是他们比较熟悉的。我们都知道这个通俗简要本的科学理论价值并不亚于《大逻辑》，而且还显示出它不同于《大逻辑》的特色。

第二，科学体系也不是单纯的关于科学基础的说明。对一个科学体系的内容与难点进行注释与说明，这是科学事业中一项必要的也是十分艰巨的工作，是从事科学研究的第一步。但如若停留在这一步，就不是一个理论家、科学家、哲学家。科学理论研究，必须深入到科学自身的辩证发展过程之中，才算是升堂入室了。

第三，科学体系更不是现在人们津津乐道的感情的爆发、灵感的涌现、想象的结晶。我们不否认感情等因素对科学认识的影响，特别是对人文科学影响更大。但是，作为科学体系，特别是实证科学体系，它们要成为"科学的"，就必须保证自己的客观性与精确性，这就要求尽可能排除感情等因素的干扰。感情等因素作为一种精神现象，对它们进行研究，也必须置于知性与理性的控制下，成为心理学与哲学探讨的对象。

黑格尔认为上述三种情况都不能使我们达到科学体系。首先他认为科学只能通过精神的反思才能达到。照他看来不是所有的知识都是现实的,只有作为科学体系的知识才是现实的。为什么呢?科学体系是精神的产品,"惟有精神的东西才是现实的"(上卷,第15页)。因此,科学"必须是关于精神的东西的知识和关于作为精神的自身的知识"(上卷,第15页)。科学作为精神的产物,它既自身相关、自己规定自己,又仿佛离开自己而存在。但是,不管是在自身规定性中或在它的他在性(Außersichsein)中,它仍然停留于其自身。因此,作为精神的东西的科学是精神自身及其外化的统一。于是,黑格尔归结说:"经过这样发展而知道其自己是精神的这种精神,乃是科学。科学是精神的现实,是精神在其自己的因素里为自己所建造的王国。"(上卷,第15页)黑格尔这段话的缺点是非常明显的。照他看来,科学不是对客观进程的概括,而是精神的自我认识,精神在其自身中营建的王国。其实,科学作为概念系统,概念是精神性的东西,科学认识当然也是精神作用,因此,概念系统的构造,是精神的自我构造,这样说来,黑格尔也是不无道理的。但是,我们不能丢掉科学的唯物前提,因为概念的形成归根结底是受外在于我们的精神的客观世界的制约的。如果承认这个唯物前提,那么,黑格尔论述精神反思的辩证发展还是有可取之处的。

其次,黑格尔关于科学认识的论述另一重要特征是主体与客体统一的观点。他说:"一切问题的关键在于,不仅把真实的东西或真理理解和表述为实体,而且同样理解和表述为主体。同时还必须注意到,实体性自身既包含着共相(或普遍)或知识自身的直接性,也包含着存在或作为知识之对象的那种直接性。"(上卷,第10页)实体是哲学上一个极为重要的概念,照黑格尔看来,古希腊巴门尼德斯提出"存在"的概念才是真正哲学的开始,但到亚里士多德提出"实体"概念才意味哲学的发展趋于成熟。此后哲学家使用"实体"一词真是言人人殊、莫衷一是。黑格尔于此,把实体看成客体与主体的统一，共相与存在、知识与知识的对象的统一，这是非常有见地的。我们只要拨开那些唯心的翳障，便可看到其中不少的合理因素。亚里士多德认为："科学所研究的主要对象，乃是最基本的东西，为其他东西所凭依的东西，乃是其他事物借以取得名称的东西。"(*Metaphysica*，1003^{b}12-15) 这个东西是什么呢？就是"substance"，即实体或本体。这一概念的形成是哲学思维的巨大成就。亚里士多德把 substance 规定为本质、共相、种属、托载体（substratum）。简言之，实体乃规定一事物成其为该事物者。亚里士多德卓越之处在于他不把实体作为超越具体事物之上的抽象物，而认为它深藏于事物之中，是物质实体、完全的实在、事物的原因与原则。这样的实体同时也就是一个个体。明显地，黑格尔的主客体统一即实体的观点来自亚里士多德的实体就是个体的观点。马克思主义者是接受这种看法的，认为共相寓于殊相之中，殊相也不能脱离共相变成彼此不相干的要素。这就是说，马的共相不在个体的马之外而在其中，马的诸属性也结集于马的整体之中，不是一些不相干的要素。

最后，黑格尔相应地谈到了知识与知识的对象的统一问题。这里就明确地扬弃了康德的知识与其对象相分离从而导致不可知论的观点，肯定了事物的可知性、知识的真理性。这些想法都是十分有价值的。

黑格尔还充分发挥了亚里士多德的实体就是个体的观点，认为坚持作为共相的实体只是思维的单纯抽象的产物，那么，这个实体就是无差别的不运动的。他认为一个活生生的实体应该是一个现实的存在，即是一个具体物，一个个体，也就是一个主体。

实体由僵死的抽象物变成活的实体，关键在它与个体或主体同一。黑格尔说："实体作为主体是纯粹的简单的否定性，唯其如此，它是单一的东西的分裂为二的过程或树立对立面的双重化过程,而这种过程又是这种漠不相干的区别及其对立的否定。"(上卷,第11页)实体的活性从何而来? 来自它的单一性的破坏,即其自身中产生否定其自身的因素,分裂为二树立了对立面,而这个刚刚产生的区别、对立又被否定。这就是辩证的圆圈运动,就是活的实体。从个体中见实体,则这个实体既是客体又是主体,它作为主体反映客体,作为客体就是真理的显现。黑格尔说:"真理就是它自己的完成过程,就是这样一个圆圈,预悬它的终点为目的并以它的终点为起点,而且只当它实现了并达到了它的终点它才是现实的。"(上卷,第11页)我们可以把这个真理的实现过程,简单表述为"客体—主体—实体"的过程。客体作为原始的或直接的统一,是实体的自在形态,是一个客观存在,它自身裂变产生主体,主体作为否定性,是实体的否定形态,是一个活动的源泉,对它的再否定便达到了活的实体,它是实体的自为形态,是真理自身的实现。因此,实体的演化过程也就是真理的发展过程。

黑格尔这个想法来自亚里士多德,但其内容的丰富性与辩证性又大大超过了亚里士多德。往后黑格尔关于哲学的目的及辩证法的要义的一系列论述,无非是这个想法的展开,进一步精确化、具体化而已。

3. 关于中介与目的

在这个圆圈形辩证发展过程中,它的承先启后的环节及其最终归宿是一个值得深入探讨的问题,这就是中介与目的问题。

现在流行的一种常识性的见解,认为大与小的中介是相等、黑与白的中介是灰,如此等等。这种说法是把中介理解为一种中间状态。承认中间状态,常识上是容许的,在处理具体问题上是必要的。

但哲学上的"中介"不是中间状态,"只是运动着的自身同一,换句话说,它是自身反映,自为存在着的自我的环节,纯粹的否定性,或就其纯粹的抽象而言,它是单纯的形成过程"(上卷,第12页)。黑格尔关于中介的论述,寓意是十分深刻的。a.自身同一如果是同同一色的、无内在差别性的,则是僵死的、无运动的。事物有了中介就意味着差别性的产生和发展,因而产生内在的对立,从而形成矛盾,产生运动,于是成为"运动着的自身同一"。b.中介作为矛盾运动过程的环节是其自身的反映,这意味着客观进程的自觉,即由无生气的自在状态开始向自为状态转化,变成自为存在着的自我,这个使客观进程生动起来的环节,就是"纯粹的否定性",拿亚里士多德的生物学的语言来讲就是"生长"。因此,什么是"中介"?中介就是否定,就是生长。c.最后黑格尔把中介归结为一个单纯的形成过程。中介作为自我、反映、否定,意味着事物在过程进行中形成着,但尚未瓜熟蒂落,完全成熟而达到真理显现的阶段。虽然如此,却不能把它排除在真理之外。黑格尔指出:正是由于有了这个中介,它作为积极环节,才"使真理成为发展出来的结果,而同时却又将结果与其形成过程之间的对立予以扬弃"(上卷,第13页)。黑格尔举出胎儿从生理上、精神上如何趋向成熟而真正成其为人为例。他说:"诚然,胎儿自在地是人,但并非自为地是人;只有作为有教养的理性,它才是自为的人,而有教养的理性使自己成为自己自在地是的那个东西。"(上卷,第13页)这就是说:胎儿生理上成形是一个人了,但严格讲,作为人之所以为人的本性,尚在发育成长之中,只有在精神上"有教养的理性"形成,即达到自觉追求真理的有目的行动贯注其终生,他才算一个真正的人,才是他的人性的完全的实现。所以要想做一个真正的人,决不能半途而废,必须达到"人之真理"的结果,并扬弃在不断接近真理过程中形成的对立。

黑格尔于此，虽说是一个例子，但对为人之道颇有现实意义。

关于目的性行为问题颇为复杂。黑格尔提出："亚里士多德曾规定自然为有目的的行动，同样我们认为，目的是直接的、静止的、不动的东西；不动的东西自身却能引起运动，所以它是主体。"（上卷，第 13 页）亚里士多德曾经在他的《物理学》中写道："任何运动着的事物都有它的推动者。"（242ᵃ5）还说："这样的推动者一个就够了：它是永恒的，先于其他而自身不动的推动者，可以作所有其他事物运动的根源。"（259ᵃ10-15）黑格尔就把亚里士多德这个"推动者"作为目的、主体，它是运动之源。根据知性逻辑推导，这个第一推动者不能被推动，它如被推动，那个推动它的就成为第一推动者了。因此，黑格尔认为，不动的东西自身却能引起运动。

这个作为主体的目的，为什么具备引起运动的力量呢？这一点就显示了黑格尔比亚里士多德高明之处。亚里士多德认为：最先的推动者只能自己推动自己，不能为他物所推动。而自我推动，情况必然是：事物的一部分为推动者，另一部分只被推动。于是整体事物的一部分只推动而不能运动，另一部分只被推动，因为只有这样才可能有事物的自我运动。（参见《物理学》，257ᵇ10-258ᵃ）亚里士多德这个说法的机械性是十分明显的，它不能圆满地解释一般事物的自我运动。黑格尔则认为这个导致运动的主体是"自为存在或纯粹的否定性"。这就是说，自我运动的形成根源于主观能动性、内在否定性。而主观能动性、内在否定性就是目的性。此点在他的逻辑学中得到了更明确充分的发挥。于此，黑格尔将目的性行动与辩证运动看成是同一的。他说："实现了的目的或具体存在着的现实就是运动，就是展开了的形成过程；但恰恰这个运动就是'自身'，而它之所以与开端的那种直接性和单纯性是同一的，乃因它就是结果，就是返回于自身的东西，但返回于自身的东西恰恰就是'自身'，而

'自身'就是自相关联的同一性和单纯性。"(上卷,第13页)由此可以看出亚里士多德和黑格尔,他们分析自我运动的出发点是不同的:亚里士多德是从知性的机械观点出发;黑格尔是从理性的辩证观点出发。于是,我们可以见到,理性乃是有目的的行动,就是自为存在或主观能动性、内在否定性。它们乃运动之源。运动形成过程,过程具有自返性,自成起结形成动态的圆圈。黑格尔关于目的性行动的论述是独到而深刻的。他把理性与意志、认识与实践有机地结合起来了。这样一来,目的性就不神秘了。它无非说明事物自身运动的内在根源而已。

关于目的性问题在近代是康德将它引进哲学中的。自从文艺复兴以后,西欧由于实证科学的蓬勃发展,哲学上,无论是唯理论或经验论,都不大重视目的性问题的探讨。康德则颇为重视这个问题,他讲到河海淤积,不断增加肥沃土壤时,指出:"自然本身就实现了地面的多半增大,而这过程还在继续着,虽然是渐渐地,其结果是对人极其有利的。"于是,"自然事物适应作为其他的生命形式的手段的——一开始就假定这些生命形式是目的。"(《判断力批判》下卷,第13页)康德于此论述了自然的变化适应了人类生存的目的。他还说:"外在的目的性,那就是一事物对其他事物的适应性,所能因之而被看作外在的物理目的的唯一条件,就是这事物或远或近以其自身来与之适应的另一事物,其存在本身,在其原来的状态来说,乃是自然的一个目的。"(《判断力批判》下卷,第15页)这句话简单讲,就是一物适应另一物乃是自然的目的。外在目的性或自然目的性乃自然事物生存的相互适应性,这一点是好理解的。

但是,康德又认为这种目的性"并不能保证能有任何绝对的目的论的判断"(《判断力批判》下卷,第15页)。实际上康德是想把自然目的性与人的目的性行动区别开来。人的"按照目的而活动的能力"(《判断力批判》下卷，第17页)就是意志。在黑格尔哲学中，乃至在马克思哲学中，从来就不是冷冰冰地知性思维的抽象统治。而19世纪末形成的西方分析哲学从罗素、维也纳学派到语义哲学等流派，为了标榜它们的所谓客观性、科学性，自认为是脱离人的，都是冷冰冰的知性的抽象推导。殊不知科学、哲学、认识论是不能脱离人的。作为主体的人却客观地影响甚至支配事物的发展进程，这就是意志在认识论中的作用。

自然的外在目的性不能总是保证人的内在目的性的实现的。例如雨水冲刷而形成的泥沙淤积，既可以提供沃土以利种植，也可以造成生态平衡的破坏不利于人类的生存。因此，人类生存不能单纯仰赖自然恩赐，而必须使自然服从人类意志，改造自然以适应人类生存的目的。但是这种意志行为不是主观蛮干而是合理的，在认识论中讲的就是这种合理的意志，它也就是我们讲的主观能动性、革命实践活动，也就是黑格尔所谓的内在目的性。

在认识论中引入意志概念，就解决了知性的科学概念系统无法解决的问题，这就是系统的起点问题。一个认识系统、逻辑系统、科学系统的起点是什么？我们说是基本概念与基本命题。那么，这些概念与命题的根据是什么？根据的根据又是什么？……如此向外推索，永无止境，因此，起点是确定不了的。把人的意志行为引入认识体系就解决了起点问题。人们的实践是推导系统的起点，也是它的归宿。实践是什么？就是合理的意志、主观能动性、内在目的性。对于这些，黑格尔在其逻辑著作中有极精辟的论述，列宁在《哲学笔记》中反复做了摘引与评论。所以列宁说，马克思把实践概念引入认识论，是直接与黑格尔相联系的。在这个问题上，马克思主义哲学认识论通过黑格尔产生了一个飞跃，即它克服了理性主义与经验主义的偏执及其自身无法排除的困难，将哲学认识论推向了一个新的高峰。

马克思曾经慨叹：关于主观能动性的问题被唯心主义者加以阐述与发挥了。而唯物主义者不讲人，甚至贬低人，说"人是机器"，这就使自己陷入片面性，抵挡不住唯心主义的进攻。马克思主义哲学不但克服了唯心主义的谬误，而且也高于一般的唯物主义，就在于它以自然界连同自然界的最高产物——人类——作为它的起点与基础。人的主观能动性、目的性行为，作为"革命实践活动"，作为人们认识与改造世界的力量，成为马克思主义哲学的灵魂。这个深刻的毫无片面性的实践唯物主义是一个真正的科学体系，而黑格尔由于其唯心主义立场，他试图建立科学的哲学体系结果是落空了。

最后，黑格尔讲到我们习用的一些哲学概念问题，例如，主体、客体、上帝、自然、感性、理性，等等，好像是一目了然的东西，无须认真加以规定。黑格尔说：这些"都被不加考察地认为是熟悉的和有效率的东西，既构成固定的出发点又构成固定的归宿点"。其实，熟知的东西并不是真知的东西，黑格尔说：之所以如此"正因为它是熟知的"（上卷，第20页）。比如说"商品"可以说是妇孺皆知的，但是否真知它的科学的理论的内涵呢？此点不但妇孺无知，连资产阶级经济学家都搞不清楚，直到马克思写作《资本论》才揭开商品的秘密。进入社会主义，关于商品概念大家又糊涂了，因而近年我国经济界对此又加以探讨。

由此可见，想要获得真知，是不容易的。要想获得真知，首先要扬弃那个熟悉的形式。这就是说，要进行分解抛弃那个感性外观的熟知的笼统形象。黑格尔指出：这种"分解活动就是知性［理解］的力量和工作，知性是一切势力中最惊人的和最伟大的，或者甚至可以说是绝对的势力"（上卷，第20—21页）。分解活动将一个事物弄得支离破碎，僵死而无生气，这仿佛是一个进入炼狱的过程，看你能不能死里逃生。它是从熟知向真知过渡的一个否定环节。我们的精神必须克服否定物的无比巨大的势力，从而赢得敢于承担死亡并在死亡中得以自存的生活。所以黑格尔指出："精神只当它在绝对的支离破碎中能保全其自身时才赢得它的真实性。"（上卷，第21页）在这里，黑格尔十分形象生动地描述了不面对"否定"这个死亡的炼狱，就不能跨过知性到理性的鸿沟，达到精神的真实性的彼岸，走上真知之路。这个思想是深刻而重要的，他不厌其烦地向我们提出：不经过艰苦的面向死亡的知性思维训练是不可能获得辩证思维的智慧的。

要想获得辩证的智慧必须通过知性的炼狱，但如坚持知性的绝对权威，那就是死亡。近世科学研究中"知性偏执狂"已到非常严重的程度，他们蔑视与践踏辩证法，致使抽象的知性思维顽固地钳制着人们的头脑，以致要"使固定的思想取得流动性却比将感性存在变成流动的要困难得多"（上卷，第22页）。黑格尔认为在这一点上，古代人甚至强于现代人。他说："古代人的研究是真正的自然意识的教养和形成。古代的研究者通过对他的生活的每一细节都作详尽的考察，对呈现于其面前的一切事物都作哲学的思考，才给自己创造出了一种渗透于事物之中的普遍性。但现代人则不同，他能找到现成的抽象形式；他掌握和吸取这种形式，可以说只是不假中介地将内在的东西外化出来并隔离地将普遍的东西（共相）制造出来，而不是从具体事物中和现实存在的形形色色之中把内在的和普遍的东西产生出来。"（上卷，第21—22页）恩格斯是同意这种想法的。我认为黑格尔在这里不但充分表达了他的辩证思想，而且也透露了某些唯物倾向的曙光。

归根结底，哲学研究的理论结构在于形成理性的或辩证的"科学体系"，这个科学体系是一个辩证概念系统，而辩证概念是从现实存在中产生出来的"普遍"(共相),它是流动的、燃烧的、具体的,与"特殊"相结合的。这个特殊中的普遍,殊相中的共相,便是真理的内容。这就是哲学所追求的。

黑格尔说:"任何人对于这些普遍的初步决定所组成的知识,假如丝毫也不知道,那么,就算他曾经自幼到老仰着头看过天空和各个星星的移动,他也不能理解那些'法则',当然更谈不到发现它们了。"(《历史哲学》,第105页)刻卜勒比第谷高明之处,就在从第谷熟知的星空,经过深思熟虑,分析解剖,而后归纳出普遍的法则,达到对宇宙运行的真知。刻卜勒不愧是"思辨方式中最伟大的人物"。

二、科学如何成为有机体系

科学如何才能成为一个有机体系?它绝不能基于某种外在的理由,利用既成的知识拼凑起来。一般来讲,教科书并不是一个真正的科学体系。因为它乃是根据学生的程度及需要选择既成的材料编写的。

科学作为概念系统,绝不是用僵死的概念根据某种外在的表面的理由拼凑起来的。它有其自身的逻辑一贯性,概念的流动性,概念体系的发育生长性。简言之,只有概念具有自己的生命,科学才能成为一个有机体系。

1. 关于意识的经验科学

概念体系如何发育生长呢?概念作为精神的最终成果,它的直接的实际存在是意识。我们认为意识是人的大脑的功能,撇开这个前提把它单纯地看成精神活动的起点,这是明显的唯心论。但是,黑格尔在论述意识的辩证发展时则是相当合理的。

他认为意识具有两个方面，即"认识与认识处于否定关系中的客观性"（上卷，第23页）。所谓客观性就是指认识的对象。意识就在认识与对象的对立关系中前进。在前进过程中，这种对立关系，随着发展环节的更替，表现为不同的意识形态。从简单的意识开始，次第为知性、理性、精神，等等，表现形式虽有不同，究其本质都是上述两方面的对立。这些对立都显现为意识的现象，黑格尔指出："叙述这条发展道路的科学就是关于意识的经验的科学。"（上卷，第23页）

黑格尔于此所说的"经验"并非通常意义的经验。它不是感官经验，而是精神实体的反映。精神实体才是意识的经验对象。这就是说，意识把自己在各环节中所表现出来的现象形态，即自己的他在作为自己经验的对象，然后在进展过程中又扬弃自己的他在，这个"自在—他在—自在"的运动就是"经验"。这种论述完全是唯心的却又是辩证的。精神从自在到他在，是将自己予以异化；再从他在到自在，是从这个异化中返回自身。黑格尔认为精神必须通过异化与返回过程，"原来没有经验过的东西才呈现出它的现实性和真理性"（上卷，第23页）。

如果说，精神异化为他在成为精神现象，则它的返回就是对精神现象的扬弃，也就是辩证概念（Begriff）的生成。这时，精神现象的对立两极被克服了，即"它既是它自己又是它自己的对象，而知识与真实性之间的直接性和分裂性所具有的那种抽象因素于是克服了"（上卷，第24页）。精神现象的两极对立的抽象因素的扬弃，意味着直接性，即外部现象形态的扬弃，也意味着分裂性，即两极对立的扬弃；从而进入真理性认识，即达到辩证概念。"到这个时候，精神现象学就终结了。"（上卷，第24页）于是，以精神现象学中的知性因素为基础，精神把"自己发展成为一个有机整体的那种运动过程，就是逻辑或思辨哲学"（上卷，第 24 页）。概念是精神现象学的终结、逻辑或思辨哲学的开端。照黑格尔看来，逻辑学或思辨哲学就是研究概念的辩证发展过程。

2. 历史的偶然性与数学的自明性

概念是构成哲学真理的本质规定，它不是既成事实的肯定，也不是知性推理的必然。

对历史上曾经发生过的事情的认可，例如"黑格尔生于 1770 年死于 1831 年"，这无疑是正确的。对历史事件只要你记录是确实的，说明确有其事，这就是真的。但是这种对既成的事实的认可，并不等于确认了真理。如果把这一切均宣布为真理，就如恩格斯所说的，在小事情上玩弄大字眼。某些有考证癖的历史学家，往往钻牛角尖，对在历史上一些无关宏旨的冷僻的小事件，可以长年累月地去进行考证。研究历史，考证是必要的，但历史的真理却不在考证。历史学家要在搞清重大史实的基础上探索历史发展的必然性，鉴往知来，指导人类社会朝着它预测的目标前进。个别历史事件真实性的探求，并不能昭示任何真理，因为它"所涉及的是个别的客观存在，是一种带有偶然性和武断性的内容，是这种内容的一些非必然规定"（上卷，第 26 页）。黑格尔指出这一点是非常正确的，意欲探索历史发展的必然性的愿望也是可取的。但是他建立历史哲学的尝试却彻底失败了。他截取某一个民族、国家的历史片断，然后纵向地将这些不相干的历史片断，联结成一个"有机体"。于是历史的婴儿期在中国、印度，儿童期在埃及，青年期在希腊，壮年期在罗马，老年期在日耳曼。日耳曼代表人类历史完全成熟的时期，这里看不出一点辩证法的影子，完全是黑格尔的主观臆造，而且充满了狭隘民族自大意识。马克思从历史发展的物质基础出发，指证了人类历史如何从野蛮蒙昧时期过渡到文明时期，即从原始公社向奴隶制、封建制、资本主义过渡，它的发展必然趋势是社会主义、共产主义社会。这才是关于历史发展的真理性陈述。

哲学真理不同于单纯的历史记述，也不同于数学"真理"。由于知性是一种惊人的、伟大的绝对势力，所以数学在科学领域享有崇高的声誉。数学知识似乎已成为检验一门科学能否成为一门真正科学的标志。几乎大家都默认没有定量化就不能算作科学。哲学要成为一门科学，似乎也应如此。黑格尔说，"数学知识通常被非哲学的知识视为是哲学所应该争取而一直徒劳地没能达到的理想"（上卷，第24—25页）。近代西方逻辑实证论传统标榜他们做到了这一点，即使用了精确的数学语言，摒弃了自然的文学语言，因而他们的哲学是"科学的"，而马克思主义哲学则是暧昧的、隐喻的，因而是不科学的，理应被淘汰。这里涉及如何看待哲学与数学的关系问题。

数学作为知性科学是达到哲学真理的一个否定性环节，哲学必须扬弃数学的抽象性才能达到真理的具体性。因此，哲学定量化的要求是对哲学的否定，是让哲学倒退为一门知性的实证科学，但是哲学在实证科学中是没有位置的。所以哲学定量化是徒劳的达不到的理想，因为定量化与哲学本性相违背。

数学的特长是证明，固然证明在数学领域里也可以算得上是本质的东西，但是它并未能在数学进程中，作为达到结果的中介环节而出现。黑格尔指出：a.事实上当证明得出了结果，证明倒反已成过去而归于消失；b."数学证明的运动并不属于证明的对象，而是外在于对象的一种行动"（上卷，第27页）。证明的这种手段性质与外在性质，就使得它只能论证真理，而不能提供真理。就这一点而言，它是虚幻的而不是真实的。

数学证明的出发点的"规定",被认为是自明的。它的必然性是没有经过论证的也不可能论证的。这种视为当然的"规定",基于某种外在目的,依据于某些空疏材料,黑格尔认为"是哲学所必须予以蔑视的一种自明性"(上卷,第28页)。

这种数学的单纯性是容纳不了哲学的丰富性与具体性的。它是在极其简单、极其典型、极其理想的条件下来说明问题的。数学的点是没有体积的,线是没有宽度的,面是没有厚度的,也就是说是置于极其单纯理想的情况下予以考虑的。而一个现实的物理点,总是有内外的,不管其内涵多么小,外延多么窄,但总不等于零。因此,物理点是一个占有一定位置的极小的物质单元。所以,没有体积的点之类的东西只是数学的知性抽象,事实上是不存在的。数学的出发点就是这类简单抽象的东西,它们是自明的,作为证明的工具而本身不被证明。这就形成了数学演绎系统的一个矛盾。这个推导系统的逻辑必然性在于系统内的命题系列都是严格地被证明了的,但是证明的最后根据却是一个没有得到证明的命题。既然最后的作为根据的前提未被证明,那么,结论都不能被肯定,因而系统内命题系列都是假言命题。数学演绎系统要想使自身确定,只好认定其最后根据,说它不证自明,自身明了。何以知之,不靠知性而靠直觉。比如说:"两点之间直线最短"一看就懂。这是知性思维构造系统的一个典型的方法。但是这种方法自身包含了一个不可克服的矛盾,即能证明的前提不能作为演绎系统的最后根据,前提不被证明确定而靠直觉或意志确定。这样一来,知性演绎系统的前提竟是反知性的,数学一类的知性演绎系统陷入这个矛盾之中无法自拔。所以,我们不要过分迷信数学如何精确、如何了不起。

再由于数学所考察的是"数量",量的差别性是一种非本质的差别,而数量原则乃"抽象的无生命的统一性原则"(上卷,第30页)。

因此，数学知识的这种外在于对象的性质，就使得它同单纯的历史记述一样，对追求哲学真理没有多大用处。同样，脱离了历史实际与数学知识的所谓哲学指导，对这类知性科学的研究也是多余的。正如海涅所讲的：像康德所说那样"哲学中的数学形式只不过带来一座用纸牌拼凑起来的房屋而已，正如数学中的哲学形式只不过带来一阵无聊的饶舌一样"（海涅：《论德国》，第297页）。

3. 概念的认识才是获得真理的唯一途径

黑格尔说："真正的思想和科学的洞见，只有通过概念所作的劳动才能获得。"（上卷，第48页）哲学与科学相同之处在于它们都用概念来表达思维、表达某种想法。但哲学的考察又有其特异之处，即哲学从事事物本质规定的研究，研究本质的东西如何实现，成为现实的东西。这就是哲学在科学知识的基础上拓深前进的地方。

哲学总是以回到具体、回到现实中去作为其归宿。所谓哲学最后归结为真理，而真理总是具体的，其意义便在于此。所以哲学的辩证运动就构成肯定的东西及其真理，而"肯定的东西的真理本身也同样包含着否定的东西，即也包含着那种其为可舍弃的东西而言应该被称之为虚假的东西"（上卷，第30页）。哲学的辩证前进运动固然以否定性作为中介与动力，但它并不归结为否定的东西，因为孤立的否定的东西是虚假的，必须舍弃它，复归于肯定，才能获得真理。哲学考察的就是由现象到本质、由虚假到真实的发展过程。

现象与本质、虚假与真实并不是完全隔绝的，而是一体共生的。黑格尔说："现象是生成与毁灭的运动，但生成毁灭的运动自身却并不生成毁灭，它是自在地存在着的，并构成着现实和真理的生命运动。"（上卷，第30页）现象的虚假性并不是说它空无，而是说，物无常住、有成有毁，成毁交替形成现象的运动。因为成毁无恒性，所以现象有虚假；但成毁是事物的恒变性的表现，"恒变"构成现实的和真理的生命运动。

很显然，这样一种现实和真理的生命运动，就是客观事物发展的真理。数学表达的方式是很难适应这种瞬息万变的客观进程的。数学的骄傲在于它的精确性，但愈是确定就愈不能反映客观的瞬变状态。所以黑格尔认为："数学遗赠给我们的科学体制，即由说明、分类、公理、一系列定理及其证明、原则和结论及其推论等等所构成的科学体制，至少在流行意见自身看来也是已经过时了的。"（上卷，第31页）所以黑格尔认为数学的方法对哲学真理的追求是无用的。

像数学这一类知性思维的方法，除了严格的纯粹的表达方式外，还可以采取任意和偶然的方式继续保存于日常生活之中，而且常常以一些非知性的方式作为补充。这种混乱的无助于哲学真理追求的方式，大约可以归纳为四种：a. 在我们日常谈话里有一种松散的推理过程，讲话总得有一个前因后果，前提结论，即必须遵守普通形式逻辑推理，以免语无伦次，别人无法理解。但是，这仅仅提供语言的条理性，并不意味真理的陈述。b. 在科学作业中有一种学究式的严格推理过程，使论述达到严格的精确性。例如，"2+2=4"，是一目了然的。但要纳入一个演绎推导系统中证明其为真就比较繁复：首先要确定1与2的定义，然后规定"+"与"="的定义，还有推导原则的制定，以此为据，经过四到五步推理程序，才能论证完毕。这种知性逻辑的推理训练，诚然对于精密思维很有帮助，但并不能提供任何哲学真理。c. 当这种推理理屈词穷时，往往抛弃推理方法，完全依凭灵感或预感。这种做法的反科学性质，前面已有论述了。这只能是一种自我安慰，不但不能达到真理的认识，相反，却与真理背道而驰。d. 更糟的是任意武断的预言。有根据的科学预言或预测是富有启发性的，且能鼓舞人们克服困难继续前进。但是任意武断的预言是不可能证明的。任意武断是主观意志的表现。

因此，知性思维方法及其补充、灵感与预言之类是不可能引导我们求得哲学真理的。至于那些等而下之的单纯数字罗列与图表刻画就相去于哲学真理的陈述更远了。因为这些外在的形象的东西，远离了事物的本质，而且阉割了事物的有机联系，不能真正反映科学的本性。数字与图表只是从事科研处理素材的一种极其肤浅的手段，而不是最终目的。其实事物的这种表面的僵化的结构，只是一种外在的凝固形式，黑格尔认为它是无生命的，"就象骨架和香料店一样把事情表示得明明白白，同时，它也像骨架之没有血肉和香料店的罐子所盛的东西之没有生命那样，也把事情的活生生的本质抛弃掉或掩藏了起来"（上卷，第34页）。

黑格尔坚决反对这种僵死的知性和外在的结构，认为"科学只有通过概念自己的生命才可以成为有机的体系"（上卷，第35页）。概念自己的生命是什么意思呢？它就是作为总体自身的发展的过程。对这一过程，黑格尔陈述如下："存在着的东西的运动，一方面，是使它自己成为他物，因而就是使它成为它自己的内在内容的过程，而另一方面，它又把这个展开出去的他物或它自己的这个具体存在收回于其自身，即是说，把它自己变成一个环节并简单化为规定性。在前一种展开运动中，否定性使得实际存在有了区别并建立起来，而在后一种返回自身运动中，否定性是形成被规定了的简单性的功能。"（上卷，第35页）这段话可以视为黑格尔关于辩证运动的经典表达，以后在其他各书之中，种种说法与应用，都是符合这一表述的。

黑格尔认为存在着的东西有两个方面的运动。一个方面是自己成为他物，即是一个事物产生否定其自身的因素，变成他物，从而产生内在的对立，这就是第一度否定。另一个方面是否定自我与他物的对立,向自身返回,即对第一度否定再予以否定,复归于肯定,形成被规定了的简单性的功能;所谓简单性的功能是使分化复归于综合,对立复归于统一,否定复归于肯定。因此,存在着的东西的两个方面的运动,就是对立统一的运动、否定的否定运动。这个辩证运动的实质就是对立的统一或否定的否定。那个统一的环节、否定的否定环节便是真理显现的环节。这一段论述应是黑格尔关于对立的统一或否定的否定的最初表述。

三、对意识的陈述就等于是真正的精神科学

精神科学就是关于意识形态的陈述的科学。精神、意识作为物质世界派生的非物质现象是现实存在着的。多年来,由于对唯物主义的狭隘理解,人们把研究精神现象、意识形态视为畏途。自己缺乏研究,对别人的研究又持否定的或存疑的态度,就使得我们在这方面少有建树。

哲学是精神科学高度发展的产物,是所有其他科学的最后归宿。严格讲来,只有哲学才是真正的精神科学。

1. 灵感与天才

哲学由于它综观全局、高度概括的本性,它涉及客观的各个领域,知识的各个方面,所以哲学之深恰好在于其博,这是它与实证科学之深在于专精不同之处。全面的具体知识的主要环节之掌握,是作为哲学生长的养料,转化过渡的桥梁。但是,当达到哲学真理时,这些具体知识统统被扬弃了。于是,使人觉得"占有哲学,似乎恰恰由于缺少知识和缺乏研究,而知识和研究开始的地方,似乎正就是哲学终止的地方"(上卷,第46页)。这当然是一种误解。我

们常讲的：得鱼忘筌、得意忘言、过河拆桥、上楼拆梯，强调的是达到目的而不要沾滞于手段。具体知识只是达到哲学真理的手段。维特根斯坦也有类似的想法。他说：我们使用语言不过是用以表达一个思想，当这个思想被领悟以后，语言也就不需要了。因此，达到哲学意境必须扬弃各种具体的知识形态。而这些具体知识，如果没有哲学作为它们的灵魂，"它们在其自身是不能有生命、精神、真理的"（上卷，第46页）。

扬弃了具体知识的哲学必归于空灵而不沾滞，这是一种崇高的精神境界。它与崇拜灵感与天才的人不同，这些人蔑视知识，宣扬一落言诠便成糟粕的观点，好像只要灵机一动，一切就了然于心。灵感与天才是与哲学无缘的，它决不能导致哲学真理，而只能使人陷入神秘主义之中。那种神秘主义的空疏性与迷惘性，也许可以给哲学平添几分机警与莫测高深的气氛，但不能使人在掌握现实真理的征途中前进一步。

灵感与天才总是伴随着神秘主义。神秘主义往往与那表面和它根本对立的知性精确性相通。在知性结构里兜圈子的人，当其无法解决其自身不可克服的矛盾时，最终只有乞灵于神秘主义或陷入不可知论。因为知性的逼迫，只有穷追不舍，永无止境。那种烦琐的论证，一个接一个，使你看不到尽头，彷徨无依，终于不得不乞灵于空疏而迷惘的神秘感，自以为有了着落，达到了真谛。世间的事情就是这样怪；愈是要求精确严格，愈是归于迷惘神秘。

神秘主义是相当迷人的，那种机智的令人回味的语言，似乎可以给人以思辨的乐趣。譬如中国禅宗，常利用一语双关，语言的歧义性，巧妙地回答问题，使人误认为其中包含无穷的智慧，实际上不过是一些根本与真理无关的文字与概念的游戏，一种耍嘴皮的小聪明。黑格尔就看不起这类人，他说："有些根本不能思维一个抽象命题更不能思维几个命题的相互关联的人，他们的那种无知无识的状态，他们的那种放肆粗疏的作风，竟有时说成是思维的自由和开明，有时又说成是天才或灵感的表现，诸如此类的事实，是很令人不快的。"（上卷，第46页）这些哲学中的"天才"，耽于灵感而不屑使用概念，从来不想认真分析研究一个概念的生成与发展，进行合乎事实、顺乎情理的思考，一天到晚梦想灵感突发，真理从天而降。正由于他们缺乏概念，"就自称是一种直观的和诗意的思维"（上卷，第47页），其实只是一些主观想象的任意拼凑。直观的、诗意的，与思维是有逻辑矛盾的。因为思维只能凭借概念而不能依靠直观与诗意。直观与诗意属于另外一种意识形态，它们是表达意志和感情的。我们不绝对否定灵感与天才，它们在文学艺术之中或者有立足的余地，但对追求哲学真理而言，它们是没有地位的。

2. 诡辩与怀疑

哲学经常蒙受诡辩的恶名，不少人认为搞哲学就是搞诡辩，其实哲学追求的是真理与智慧，是最反对诡辩的。黑格尔说："诡辩乃是常识反对有训练的理性所用的一个口号，不懂哲学的人直截了当地认为哲学就是诡辩，就是想入非非。"（上卷，第47页）哲学思辨揭示了事物的内在本质与发展的必然性，扬弃了常识的肤浅性与感情因素，从而达到对事物的真理性认识。因此，真理往往与常识对立，哲学家经常讲一些为常识所不允许的话，从而为一般人所反对。对于那些眼见为实、缺乏哲学素养的人，认为常识提供的东西是一目了然明白无误的，当哲学揭露常识的表面性与虚假性时，他们便斥之为"诡辩"。事实恰好相反，诡辩正是以自己的习见为依据，凭个人爱憎，臧否人物、议论是非，从而去反对普遍的现实的真理。因此崇拜常识的自发性才是真正的诡辩。

怀疑主义也是追求哲学真理的大敌。黑格尔说："怀疑主义永远只见到结果是纯粹的虚无，而完全不去注意，这种虚无乃是特定的虚无，它是对于结果之所自出的那种东西的虚无［或否定］。但事实上，如果虚无是对结果之所自出的东西的虚无，那它就纯然是真实的结果，它因而本身就是一种特定的虚无，它就具有一种内容。"（上卷，第56页）哲学反对怀疑主义但不反对怀疑。相反，认为怀疑是哲学的基本精神，是思维的本质特征。因为怀疑是提出问题，目的是得出答案，得出肯定的真实结果，它不归结为纯粹的虚无，一切空无所有。所以怀疑是一种积极的探索精神，而不是虚无主义。

怀疑主义则是虚无主义，它否定一切，万事万物有如水月镜花，均是幻影。我们反对纯粹的虚无，但承认特定的虚无。"特定的"是什么意思呢？它乃是事物自身的一个发展阶段、一个过渡环节，它就是辩证的否定。恩格斯指出："真正的、自然的、历史的和辩证的否定正是一切发展的推动力"（《马克思恩格斯全集》第20卷，第673页）。辩证的否定或特定的虚无，打破事物的僵持稳定状态，使它产生内在矛盾而前进，但它又不使事物处于无休止的单纯否定状态之中，而是对这种状态再度予以否定，从而导出积极的肯定的结果。这就是说，否定不是简单地抛弃，而是推动过程前进转化的契机，它不消解为零、消解为虚无，而具有一种内容。因此，怀疑主义、虚无主义是与哲学的本性根本不相容的。

总之，哲学既不以灵感与天才作为自己的出发点，又不把自己归结为诡辩与怀疑主义。

3. 意识自身的辩证运动

那么，哲学作为关于真理的知识又如何开始、如何前进呢？黑格尔认为是意识自身的辩证运动的结果。

黑格尔完全撇开了意识的客观物质基础，表现了他唯心的立场。但是就意识来论意识，他又有一些颇有启发性的见解。

意识循着两个相反的过程而运动。一方面，意识作为真理的尺度或标准建立起来，形成所谓"真理环节"；另一方面，它作为另一意识的表现，形成所谓"知识环节"。黑格尔说："如果我们把知识称为概念，而把本质或真理称为存在物或对象，那么所谓审查考核就是去看看概念是否符合于对象。"（上卷，第59页）相反的过程是：用概念来表示对象的本质，而把作为对象的概念理解为对象，那么就看对象是否符合于自己的概念。上述黑格尔这种烦琐的说法，讲的实际上是一回事情。关键之点在于：在知识本身之内，有两个环节，即"概念和对象，为他的存在与自在的存在"（上卷，第59页）。当然，意识如果脱离客观物质世界，像魔术师的口袋一样，翻来倒去，自己是绝不会变出东西来的。口袋中飞出来的白鸽，扯出来的红旗，其实是暗中塞进去的。因此，黑格尔以为他的存在也好，自在的存在也好，都是外部世界直接与间接的反映。明乎此点，黑格尔的意思便可做出合乎科学的、唯物的理解了。所谓为他的意识，是意识反映客观形成概念；所谓自在的意识，是意识自身的反思形成对象，即概念是否符合真理的尺度或标准。

意识通过这样的辩证演化，如黑格尔所讲的："意识在这条道路上所经历的它那一系列的形态，可以说是意识自身向科学发展的一篇详细的形成史。"（上卷，第55页）那一系列的形态都是意识所表现的现象形态，它们作为特定的虚无，或辩证的否定，成为向哲学真理过渡的中介。这里就形成了黑格尔关于意识形态或精神现象的极为重要而有价值的观点，即它们不是横向罗列而是纵向发展的。看来经济、政治、伦理、艺术、宗教、哲学等是横向并存不相隶属的，其实它们作为意识形态之一，在意识形态发展系列中是各有其特定位置与特定作用的,它们相互联系,推移过渡,每一个形态对于前者是结果,对于后者是前提。

这种意识自身的辩证运动,也就是概念的思维的自我运动,就是以否定作为契机的否定之否定的圆圈形运动。如同黑格尔所讲的:"否定本身就是内容的一部分;无论作为内容的内在运动和规定,或是作为这种运动和规定的全体,否定也就是肯定。因为就其为结果而言,否定乃是从这种运动里产生出来的东西:规定了的否定,所以同样也是一种肯定的内容。"(上卷,第 40—41 页)否定作为运动的环节或作为运动过程的全体与结果,都不是虚无的,而是规定了的否定、特定的虚无,因而具有肯定的内容。所以意识自身的运动就是这样一种不归结为虚无的自我否定的圆圈形的前进运动。在黑格尔那里虽然具备着唯心的思辨形式,但是却充满了现实的内容。这个运动的起点是单纯意识,终点是绝对知识。

第二章　意　识

意识、意识形态与精神、精神现象，在广义上是相通的，它是一种泛称，泛指人类的主体活动。人类的主体活动乃物质世界的异化产生的非物质现象，即意识或精神现象。意识、精神的非物质性，不等于说它是虚幻而不存在的，它倒是确有其事的。但是，它又不同于具体物是可以捉摸的。它渺然无形、寂然无声，能意会心传，却难呈现眼前。所以对意识、精神的研究有极大的难度。实验心理学兴起以来，心理现象的实证科学的探讨，多少探明了意识、精神的客观的生理与心理机制，但社会历史发展的决定性影响及其自身的运动，却难于说明。因此，它的客观生理性与主观思辨性如何统一从而达到对意识、精神自身的真理性的认识，仍然是一个悬而未决的问题。

黑格尔基本上是从思辨的角度论述意识、精神的发展的。他把这个发展过程划分为六个阶段。意识与精神却分别处于第一和第四阶段，各有其不同的特定含义而不是一般的泛称。这六个阶段依次为：意识、自我意识、理性、精神、宗教、绝对知识。

这六个阶段的划分不是主观任意的排列，而有其内在的逻辑必然性与历史更替性。照黑格尔看来，从意识、自我意识到理性是个体意识自身发展的圆圈运动；精神则是社会意识的表现，宗教是绝对意识的现象形态，绝对知识是绝对意识的本质形态。而"个体意识—社会意识—绝对意识"则构成人类主体活动，即意识形态或精神现象辩证发展的圆圈。

一、关于感性确定性

作为人类精神发展的最初阶段的"意识"，它所面对的是直接的、现存着的东西。意识直接接纳它，不加改变，无所增损。此时，意识对事物没有进行抽象，从而把握其本质，上升为概念。

1. 一一对应关系

这种单纯意识所面对的知识，给人以无限丰富、最为真实的假象。因为它好像囊括一切、毫无遗漏，因此显得无限丰富的样子；又因为它直接经历、一览无余，因此又显得极为真实的样子。这就是感性确定性所提供给我们的一种表面的"丰富性与真实性"，其实这只是一种假象，感性确定性却是最贫乏、最抽象的。之所以说它最贫乏、最抽象，是因为它所道出的真理，就客体而言，只是当下所见到的"这一个"东西，仅仅说明有一物存在；就主体而言，意识只是一个纯粹的自我，就是"这一个"我。因此，这种感性确定性所提供的"真理"，不过是"这一个"我确知"这一个"东西。这是一种极为简单的"一一对应关系"（one-one relation），是人类意识精神活动的启蒙状态，这种状态大致讲来存在于婴儿之中。新生儿虽然有一对滴溜溜的发亮的眼睛，却是视而不见的，头脑中一时难以形成关于外界的完整的印象，一一对应只能形成一些不相干的色点，没有更多的意识的升起，没有一多关系、没有个别与普遍的关系。

因此,"这一个"我对"这一个"东西的确知,对我而言,并未因确知某物从而提高自己;对于物而言,也未能因为被确知,从而显示出它的各种特点,及与他物的关系和自身的相关。这就是说,我们仅仅知道有这么一回事而已。这时,事物仅仅作为纯粹的存在呈现在我们面前,浑然一体没有区别。

"纯粹的存在"是什么意思呢?就是没有产生差别的存在,没有分化的存在。感性所能揭示的"真理"就是这个。黑格尔称之为单纯直接性。就感性知识来说,确知某物存在就够了,就它而言,存在正是本质之所在。所以黑格尔说:"这个纯粹的存在或者这个单纯的直接性便构成感性确定性的真理性。"(上卷,第64页)对于真理或真理性,黑格尔使用它时有两层意思:a.指发展过程的表现形态与结果,它出现在统一或否定的否定环节;b.由于结果又成为新的起点,因此,在无限的过程发展交替中,真理只有相对的意义。作为前一过程的终点它是真理,作为后一过程的起点,就成为有待扬弃的环节,向更高真理过渡的阶梯。这个辩证的真理观是很有意义的。

2. 直接性和间接性的差别

纯粹存在或单纯的直接性是感性确定性的本质内容。这个纯粹的存在或单纯的直接性,仅就其尚未分化从而产生差别以前,才是纯粹的、单纯的。其实它潜在地包含着差别,而其分化是它的必然趋势。因此,它作为存在不是抽象的,作为直接性却包含着间接性。这就是说:它是现实的,因而它又不过是一个特例。黑格尔说:"一个现实的感性确定性不仅仅是这种纯粹的直接性,而乃是这种直接性的一个例子。"(上卷,第64页)

作为一个例子,它首先是纯粹直接性,但又由于它是一个实例,因而又是现实的、具体的。于是,我们首先便发现了这种现实的"直接性"中包含着差别。有差别的"直接性"就不是单纯的了。其实所谓单纯的直接性也不是单一的,只是差别尚处于潜在阶段,当差别处于实现阶段时,就变成现实的了。

单纯的直接性如何生起差别呢? 即"这一个"我与"这一个"物,不仅处于一一对应关系之中,因而具有感性确定性,而且它们又各自具有间接性。即"自我通过一个他物,即事情而获得确定性,而事情同样通过一个他物即自我而具有确定性"(上卷,第64页)。自我由于感知他物从而确证自己。当感知不升起时,我不知道我是否有感知,从而也不知道自己是否确实存在。当感知升起时,就通过对他物的感触而形成观念,从而确证了感知活动的存在,并进而确证了自我的存在,这就是通过他物使自我获得确定性。他物因自我的感知,从而确证其存在,否则他物虽自在地存在着,却未能得到论证,犹如夜中花树存而不见。自我的感知则可以显现其存在,这就是通过自我使他物具有确定性。因此,在一一对应的直接关系中,"这一个"我与"这一个"物,互相确证,从而各自因对方而被确证,便具有了间接性。

所以,直接性与间接性的差别,乃是我们在感性确定性本身以内发现的。它一分为二形成直接和间接的对立,于是,直接成为包含间接于其中的直接;间接成为直接的内在差别。于是,自我与他物的外在的一一对应变成了内在的对立,形成自我是他物的确证,他物是自我的确证。我他一体,互证其存。

于此,黑格尔讲了一段极为重要的话:"在感性确定性中所设定的一方是简单的、直接的存在着的东西或本质,即对象。而所设定的另一方便是那非自在存在,而要通过一个他物才得存在的那种非本质的、间接的东西,即自我,自我是一种认识作用,它之所以知道对象,只是因为对象存在,而这能认识的自我则是可以存在也可以不存在的。但对象却存在，它是真实、是本质。不论对象是被知道或是不被知道，它一样地存在着。即使它没有被知道，它仍然存在着；但是如果没有对象，便不会有知识。"（上卷，第 64—65 页）

　　黑格尔在这里除了出发点的明显的客观唯心主义立场外，实际上却充满了唯物的内容。他在说明主客体相互依存的关系以后，进一步明确了对象的存在是不以被认识与否为转移的，这样就与贝克莱划清了界限。马克思、恩格斯、列宁多次指出：黑格尔的唯心的神秘的体系外壳内充满了现实的合理内容，它是颠倒过来的唯物主义，比机械唯物主义更加接近辩证唯物主义，当然比那些从经验出发的极其浅薄的主观唯心主义就更加高明了。

　　例如，我们中国的贝克莱——王阳明认为，深山花树自开自谢，你不感知它，它就与你心同归于寂，就不存在了。这种讲法完全不合乎情理。黑格尔却主张对象（对对象的解释有唯心的观点）总是存在的，你感知与否完全不影响它的存在，而没有对象就不会有知识，知识的有无倒是完全依存于外界对象的。黑格尔这些观点难道没有其合理之处吗？可见唯心体系不一定全是胡说八道的，我们对它应采取扬弃的态度，如简单地全盘否定，则将禁锢自己，走向片面，终至僵化而亡。这是哲学研究的悲剧。因此，意欲振兴马克思主义哲学，必须认真地全面汲取黑格尔哲学中的合理因素。

3. 感性确定性的直观性质

　　感性所面对的"这一个"（this）是一个浑然一体的存在，它究竟为何物？不得而知。黑格尔认为感性确定性应该向自己提出："什么是这一个？"（上卷，第 65 页）

　　前面，黑格尔从"这一个"外在的一一对应关系讲起，归结到"单纯直接性"。接着又揭示直接性的内在对立，从而引出"间接性"。对立的形成趋向统一，从而达到现实性表现为一个实例。实例的剖析引发出"什么是这一个"的问题。因此，问题的提出，逻辑层次是十分清楚的。

实例就是现实的"这一个"，是具有特定时空的"这一个"。某时某地某物，是一个具体的特定存在，这个某物是感性确定性范围以内的东西，它应是真实的、本质的。但是，它果真是那样真实、那样本质吗？黑格尔认为未必如此。"这一个夜晚"、"这一个地方"、"这一个事件"好像是如此地确定无误，其实它们是如此地不确定，以致夜晚变成了晌午，此地变成了彼地，此事变成了他事。"这一个"处于永恒的变化流逝之中，当你一经确定，它早就变成陈迹了。因此，"这一个"必须摆脱特殊场合才能成立。即"这一个"同时又是"非这一个"，"这一个"又是"那一个"，这样一来，"这一个"才能摆脱它的特定存在而成为"普遍的东西"。这就是说，将"这一个"纳入它的演变过程中，才能摆脱它的局限性，成为普遍的东西。这个演变过程的普遍性就成为感性确定性的真理性。

这样一来，事情好像就颠倒过来了。本质、真理不属于对象本身，而属于认识了。黑格尔说："感性确定性的真理性乃在于作为我的对象的对象中，或者说，在我的意谓中：这对象存在，因为我知道它。"（上卷，第67页）黑格尔于此好像又回到贝克莱观点上去了，似乎是一种摇摆。但仔细想来，并非如此。黑格尔无非想说明，感觉接触的是对象的现象形态，对象的特殊性。而对象的本质形态，对象的普遍性，只能通过认识来把握。我们只要承认普遍性的感觉的客观现象前提，上述讲法，仍然有其合理之处。所以，这段话如果不和前面的一一对应、直接与间接等论述结合起来理解，似乎就有某种贝克莱的痕迹。当然，黑格尔是不会如此浅薄的。

那么，为什么要强调对象的存在是因为我知道它呢？黑格尔于此想确认的是：感性确定性的主体性，对象的特殊性与变易性，并不能使人确定某种东西。"这个我"看见"那个树"从而肯定"一棵树"，但是随着主客体的变化，这个确定性便消失在另一个确定性之中。这种一时一地一人的观感是不能常住的。不过在主客体流逝之中，作为"共相的我"与"单纯的看见"是不会消失的。作为共相的我，我观万物，而不是仅仅与某一个别物对应。而"这个单纯的看见是通过对于这一树木、这一房子等等的看见的否定而建立起来的"（上卷，第67页）。所以，黑格尔并没有回到贝克莱观点，而是要确定一个"普遍的感觉"，这个普遍的感觉就是"共相的我"。普遍的感觉是主体认知世界的凭借。

因此，黑格尔指出两点：a.感性确定性的"本质既不在对象里也不在自我里，它所特有的直接性既不是对象的直接性也不是自我的直接性"；b."我们必须把感性确定性的整体设定为它的本质，而不只是它的一个环节"（上卷，第68页）。对象与自我的对立只是感性运动全程的中介，因此，对立的两种直接性是非本质的，必须扬弃的。只有它们的统一，作为感性确定性的整体才达到"本质"。这时，"只有整个感性确定性本身才作为直接性坚持在那里，并因而便把前面发生的一切对立都从自身中排除掉了"（上卷，第68页）。这就是说，普遍的对象与普遍的感觉的统一，便是整个感性确定性的直接性。

如何从个别性、特殊性发展到一般性、普遍性，如何从这一个东西发展到过程的整体性、普遍的对象；又如何从个别的特殊的感觉发展到普遍的感觉，如何从这一个我发展到共相的我：这是一个在感性范围内的提升。它们的统一并非主客双方静态的结合，而是时空的辩证运动。

"这时"与"这里"首先是指具体的特定时空。但是，它们不是凝固不动的，而是流逝变迁的。这时为接踵而来的另一这时所取代，这里为继续前进的另一这里所取代。这时与这里不断被扬弃、被取代，最后回复到自身。作为复归的这时与这里，已不是特定时空了。复归的这时是"一个由许多这时集积而成的复多体"，使我们经验到这时是一个共相；复归的这里也是"一个单纯的诸多这里的复合体"，使我们经验到这里也是一个共相。（上卷，第70页）于是，时空的殊相便发展到时空的共相。这就是感性确定性的辩证发展。这个发展"不外是它的运动或者它的经验的简单历史，而感性确定性本身只不外是这个历史"（上卷，第71页）。这个感性确定性的整体运动，也就是感性确定性的普遍性。

感性确定性的这种"普遍性"，严格讲来，还算不得是什么普遍性。因为这种普遍性不过是自我与事物之间的直接感受的表观。所谓直接感受，有点类似我们常说的"直观"。直观是不可言传的，只能心领神会，作"如如之感"（as such），即作如是观。黑格尔说："凡是被称为不可言说的东西，不是别的，只不过是不真实的、无理性的、仅仅意谓着的东西。——如果对于某种东西我们除了说它是一个现实的东西、一个外界的对象外，什么也说不出来，那么我们只不过说出它是一个最一般的东西，因而也就只说出它和一切东西的相同性，而没有说出相异性。"（上卷，第72—73页）所以，这种如如之感，只是统观到事物的最一般的特点，即事物成其为事物的那一个最根本的相同之点，例如凡物均为一"存在"（being），而看不到事物彼此之间相异之处，因而也就没有达到真知。

要把关于实例的所见所闻说出来，就不但要掌握它们的同一性，而且要分析出它们的差别性，这就涉及个体之进入普遍性范畴问题。于是，个体作为"整体"那样的普遍性便被扬弃了，取而代之的是知性的分析的普遍性。这就是说，要追问"这一个"究竟是什么？

回答这一问题之成为可能,在于眼前这一个必须纳入它的类、它的共性之中,例如,"这是桌子"。于是,单纯意识便向知觉过渡。黑格尔说:"这就是说,我不是在认识一个直接性的东西,而是在知觉。"(上卷,第73页)知觉是知性活动的初步,是感性活动的完成,它既具有感性外观,又具有知性间接性。人的意识一旦进入知觉,对象就是可以表达的了。

关于感性确定性,黑格尔说得这么多,层层深入,把内在的复杂关系逐步揭开,显示了它包含的丰富内容。这种层层深入的剥笋法是思辨方法的一个特色,是一种深刻的分析能力的表现。它那种内在的逻辑力量正是科学的灵魂,切勿将它作为唯心的思辨游戏加以排斥。

二、关于知觉

知觉是感性进入知性的中介,事物开始进入直接性与间接性的对立、个别性与普遍性的对立。知觉从个别中看到了普遍。

1. 普遍性是知觉的原则

如前所述,感性确定性是一一对应关系,是直观的,不可表达的,必须进入知觉,才有人类认识的升起。把个体纳入普遍之中,把个别与一般相联系,形成命题,事物才能成为可表达的。知觉是人类认识的觉醒所提出的关于普遍性的要求,因此,黑格尔明确指出:"普遍性是知觉的原则"(上卷,第74页)。从感性确定性到知觉普遍性是人类精神的一个跃进,它意味着人类精神开始摆脱感性的偶然因素,发展为一个具有某种必然性的过程。

在知觉的对应关系中,按其本质来说,"对象与过程是同一的"

（上卷，第74页），这一点十分重要。当然，黑格尔于此有点故弄玄虚，他把知觉与知觉的对象这两个环节均视为"过程"。知觉作为过程"是两个环节的展开和区别开的运动"，知觉的对象作为过程"是两个环节之被认作一个结合体"。（上卷，第74页）这里，实际上讲的是能知觉者与被知觉者的性质及关系。知觉及其对象都是一个过程，而不是孤立的一对一的静止关系，这种动态的观点是十分可取的。以后黑格尔在他的逻辑学中论"概念"（Begriff）时，把概念视为是流动的、燃烧的，是过程的反映，这种想法于此已见端倪了。

知觉作为过程在于区别主客，即区分能知觉者与被知觉者，并将知觉的内在矛盾充分展开。那感性所面对的个别感性素材（sense data），为知觉所统摄，它将诸多素材集合于一身，从而充分体现了感性知识的丰富性与整体性。这正是由于知觉包含了否定性、差别性与多样性作为其本质，不再是纯粹的"一"了。在知觉中，对"这一个"加以否定或扬弃，导致了差别与多样，从而形成了一个发展变化过程。而这一个过程的完成，在于差别与多样复归于同一或统一，即能知觉者的分化复归于被知觉者的综合，也就是说，在对象中两环节结合成为一体了。在这里，黑格尔构建的是这样一个"正反合"的过程：感性整体—能知分化—被知统一。这样分析是有点道理的，只是把知觉的对象，即被知作为否定之否定环节似乎不够妥帖，之所以有此缺憾，主要是他把知觉的对象看成知觉自身之内的一个环节。

2. 间接性的直接性

在知觉中，我们的认识虽说已进入了普遍性与必然性领域，但并未完全达到知性的普遍性，即它仍然保留感性的成分，它仍然具有直接性。不过知觉的直接性又不同于感性的直接性，是包含间接性于其中的直接性，带有普遍性的个别性。它相对于这一个东西而言，是间接的、普遍的；它相对于知性抽象而言，又是直接的，个别的。因此，知觉的实质竟是"具有间接性的直接性"。因为知觉是普遍的，所以是间接的；因为知觉又是形象的，所以又是直接的。这样的普遍性既是共相又是特质。黑格尔说："当它在它的直接性里表示普遍性的时候，它就是有差别的、特定的特质。这样就建立起众多这样的特质，每一个特质都是另一个特质的否定者。"当它们通过共相的简单性表示出来时，就是此时此地的众多成分之单纯的集合体，即"事物一般"。（参见上卷，第75—76页）黑格尔于此已涉及事物及其属性的分析。

如盐是白的、又是咸的、又是可溶的、又是结晶的……所有这些描述盐的谓语，既是概括一类事物的共相，各对其所概括的对象是普遍的；但它们又作为特质，从而构成盐的因素，成为盐之所以为盐的特质。盐的各种特质用"又"来联结，表明其为机械的集合。这种特质与共相的观点，实际上是形式逻辑中关于概念的内涵（特质）与外延（共相）的简单道理的引申，并无特别新奇之处。自一个概念的内涵而言，谓语可表达的是主语所代表的"个体物"所包含的诸组成因素；自一个概念的外延而言，谓语所代表的是一类事物的通称，从而意味着主语所代表的"个体物"属于某一类事物的一分子。

知觉的这种普遍性，无论是作为共相也好，作为特质也好，都与主体独自发生关系，彼此并不相涉；它们之间谈不上有什么必然联系。所谓它们之间的"否定"，不过是说，"白"与"咸"彼此不同，如此而已，并无其他。所以个体物就此而言，只是一个"机械集合物"。

关于事物的特质，我们认为是事物自身所固有的。黑格尔由于其唯心立场，把这一点搞颠倒了。他说："事实上这物由我们的眼睛看来只是白的，由我们的舌头尝来又是咸的，由我们的触觉感到，又是立方形的。这些方面的整个多样性我们不是从事物得来，而是从我们得来。我们发现这诸多特质彼此不同，由于它们接触到我们的器官彼此不同，譬如，眼睛就完全不同于舌头。"（上卷，第80页）因此，我们才是彼此分离的特质的"共同的媒介"。

从这一颠倒出发，黑格尔把诸事物特质的统一性，事物和它自身的统一性，认为"意识必须算作属于自己的东西"，因为"把这些特质设定为一只是属于意识的活动，而意识又不让这些特质在事物中混而为一。归根结底，意识做出一种区别，通过各种区别，一方面把诸多特质相互区别开，另一方面它又把事物看成诸多特质的集合体。可以很切当地说，事物的统一性最初是由意识这样担负起来的"。（上卷，第81页）这些说法当然是纯粹的唯心主义。但黑格尔通过否定性，从一到多，又从多到一，虽说是在意识之内进行，却能显示事物自身包含着对立面及其转化，即"包含着向外把握与返回自身这两个不同环节"（上卷，第82页）。这就意味着"事物在它自身中有一个包含对立面的真理性"（上卷，第82页）。在这里，可以看出黑格尔向辩证进程迈出的一大步。

3. 普遍性的纯粹表达有赖于知性

知觉要继续前进，就必须摆脱感性的羁绊。虽说知觉也进入了普遍性，但是那只是感性的普遍性，是受个别性制约的普遍性。黑格尔说，它必须向无条件的普遍性过渡，才能达到纯粹的普遍性。知觉由于其中尚保留感性成分，是不可能表达这种纯粹的普遍性的。它只能在个别性向普遍性转化时起中介作用。那么，普遍性的纯粹表达有赖于什么呢？有赖于知性。这就是说，意识必须从知觉向知性过渡，才能达到纯粹的普遍性。

于是，意识发展这一阶段的圆圈形运动是，"感性个别性—知觉普遍性—纯粹普遍性"，简言之，即"感性—知觉—知性"。

知性作用是以知觉为基础的。黑格尔说："个别性、与个别性相对立的普遍性、与非本质的成分联系着的本质、以及虽非本质但同时却又是必要的一种非本质的东西——所有这些空泛抽象的东西都是些力量，这些力量的交互作用或相互转化，就构成知觉的知性，亦即通常所谓人的健康理智。"（上卷，第86页）所以，黑格尔所说的知性就是通常人类一般的理智活动，对此，黑格尔是十分鄙薄的。因为在知性活动中，只是一些空泛抽象的概念相互转化、交互作用。个别与一般、非本质与本质、必要的与非必要的非本质，等等，它们在非此即彼之间翻来倒去，好像煞有介事，热闹非凡，黑格尔却认为："当它自以为它是最丰富时，而一般它总是最贫乏。"（上卷，第86页）因为它仅止于"是与非"的对立，这种抽象的对立的推导，言不及义，不但不能获得真理，相反恰好是真理的对立物。这种毫无思想性的知性推导，仅仅是观念的玩弄，理智的游戏，而不是真理的追求。

在抽象知性分析的对立之中，例如，普遍与个别、杂多与单一、本质与非本质、非本质的必要性与不必要性，等等，总之，"以上种种对立的虚妄不实的观念其本性就要求知觉的理智把它们加以结合，从而把它们加以扬弃，然而它却不这样做，它却求助于语词的限制和不同角度的看法，或者凭借把一个观念算着属于意识自身，以便把另一观念分离开，把它当作包含真理"（上卷，第87页）。由于知性分析的本性在于分割、限制、两极对立，执其一端、非难其他，它不可能达到：从分到合、从有限到无限、从对立到统一，从一端到全体，总之，它缺乏辩证综合精神。知性分析，即所谓健康的理智，不顾"这些抽象观念的本性由于自身的辩证法就把它们自身结合起来"的要求，从而"却剥夺了抽象观念自身结合起来的辩证法，这个辩证法曾经迫使知觉的理智循环往复地在诸对立的抽象观念之间绕圈子"。(上卷，第87页)"绕圈子"说明知性执着的顽强性、对辩证法的抗拒性；这种循环往复的抽象性与隔绝性，只能证明"它自身的非真理性"(上卷，第87页)。知性不能达到对立面的辩证综合，就不能进入认知的真理阶段。

　　黑格尔充分说明了知性分析如何不能达到哲学真理的种种情况，这些都是富有启发意义的。他又指出抽象对立由于其自身前进的要求的逼迫，必须趋向于自身的辩证结合。由此可知：辩证思维是知性思维的必然归宿。另外，辩证法又不与知性分析方法根本对立，知性方法是辩证法不可缺少的基础与前提，决不能把它当作什么"形而上学方法"与辩证法对立起来。不幸的是，有人好像是在捍卫辩证法的纯洁性，竟把知性思维方法，例如形式逻辑之类也作为形而上学加以反对，但可悲的是，在论述辩证法时却充满了形式逻辑的公式，例如"既是这样又是那样"、"或者这样或者那样"，这是众所周知的"逻辑积"与"逻辑和"的公式，却不时在那些自称为辩证法的论著中作为"辩证分析"而流行。浅薄并不要紧，就怕将浅薄自诩高深；反对也可以成为一家之言，就怕口头反对暗地里又窃取对方的论点。其实，知性是不可以弃绝的，在日常语言的交往中固然绝对必要，就是在人类高级的辩证思维中也不可缺少，至于在实证科学中，它几乎处于绝对的地位。为什么我们研究辩证法、研究认识论，却讳言知性呢？讲到知性，真有点噤若寒蝉。这个首先被康德作为人类认识能力的核心的知性，随后又被黑格尔全面加以探讨，既指出了它的局限性，又突出了它的不可或缺性，它是德国古典哲学的优秀成果之一，理当为马克思主义哲学继承与发扬。我们如不充分探明它的性质与作用，以及与辩证法的界限与联系，是不可能指导实证科学的发展，也不可能进一步丰富马克思辩证法的科学形态的。

三、力和知性

知性好像一头不能过河的笨驴，它自身无法跨越"两极对立"的鸿沟，唯有遥望彼岸嘶鸣，徒唤奈何而已。黑格尔于此，却发奇想，找到了"力"可以作为它的过渡之舟。知性和力发生了关系，这是令人感兴趣的。

1. 力是知性分析的必要补充

知性有抽象的分析作用，但是缺乏使对立观念真正结合起来的本领。它所能办到的是将两个以上彼此相外的东西机械地相加。于是，"既是一又是一"、"一或者一"成为它得心应手的公式。黑格尔认为意识要想摆脱这种偏执、摇摆的困境，就必须扬弃对立，复归于统一。于是"力"就成了知性的必要补充。

"力"是一个十分复杂的概念，在科学上和哲学上都没有搞清楚。恩格斯曾经感慨地说，"力"几乎变成了科学家的避难所，当遇到无法解释的现象时，就把"力"搬出来。哲学与人文科学中，"力"就更加玄虚了，诸如，精神的力量、团结的力量、魅力、诱惑力……可以随心所欲地使用。一个术语滥用的结果，就是变得毫无意义了。例如现在有些人特别热衷于谈什么"反馈"、"反思"，我看已相去它们的科学意义或哲学意义很远了。那么，黑格尔于此使用"力"的概念是否也有避难性质呢？我看好像不是。他赋予了"力"以比较深刻的哲学含义。

黑格尔所谓的"力"不是通常实证科学中的那种"机械力",而是物质质料各部分的"持存的共同媒介"。

什么叫作"媒介"(medium)呢?黑格尔认为就是那个统摄诸规定性的"普遍性"。"在这媒介里所有这些规定性都取得存在,在这媒介里所有这些规定性就象在一个单纯的统一里,它们互相贯穿,但是又互不相干涉"(上卷,第75—76页);正因为如此,"媒介又不外是诸多不同的成分的独立性。换句话说,那被设定为独立的成分直接地过渡到它们的统一性,而它们的统一性直接地过渡到展开为复多,而复多又被归结为统一"(上卷,第90页)。黑格尔这些关于媒介的抽象晦涩的论述,真意实在难以捉摸。此时,我想起马克思将农民比作一袋马铃薯的故事。"一袋"显示农民的统一性,他们组成一个阶级;"马铃薯"在袋内各自独立,各不互相干涉,他们是松散地凑合在一起的,因此,他们又不能组成一个阶级。我觉得这个例子颇能具体地说明媒介问题。媒介作为事物整体包含组成它的诸质料、诸成分,并确认其存在。但是诸质料成分各自独立,虽因共处于统一整体中而贯通,却又由于各自独立而不相涉。从统一到复多、从复多到统一,不是自身否定的结果,而是一种力的运动。于是,"力"便是这样一种共同持存的媒介,即各种质料成分独立自存,又统摄在事物整体之中,独立的诸成分因力而贯通。这有如一串铜钱用红线贯穿,那红线便是共同持存的媒介,就是"力"。

那么,力是如何贯通各部分之间使其凝为一体的呢?黑格尔指出:力作为一个环节,它分散为各自具有独立存在的质料,于是独立的质料就成了"力的表现"。但是,当独立存在的质料消失时,便是"力本身"。(参见上卷,第90页)力本身是抽象的,它必须借诸质料而表现自己。这力的表现,说明力是作为一个他物从外面到它里面来的。力已经外在化了它自己,作为各种质料的持存的共同媒介而存在。但是这种外在化了的力又必须返回其自身,因此,"力本身就是这种返回到自身或这种外在化的扬弃过程"(上卷,第92页)。

这种力还是属于知性范围,虽说它已略为突破了知性的隔绝性与僵死性,比"既是这样又是那样"这种毫无思想性的说法好得多,但还不能认为达到了辩证法。黑格尔说:所谓知性乃是"把不同的环节作为不同的环节而统摄起来的概念"(上卷,第91页)。知性的力便是这种统摄的作用。统摄当然优胜于外在凑合,它从动态的角度描述了一与多、成分与整体的统一。但是,"统摄"还是一种外在的力,不是内在于物质质料自身之中的东西。对于事物而言,力还是他物。它成了从外在凑合到有机结合的中介。

2. 力的交互作用

力使知性略为生动起来,力的运动过程使知性跨越其自身的局限性向理性过渡有了可能。这个作为"持存的共同媒介"的力有两种作用:a.是众多质料之间的联系;b.知性向理性过渡的中介(Vermittlung)。黑格尔关于力的哲学的论述是十分精深细微的,并没什么神秘之处。

这个力并不是单纯的,它"就是一个它为他物,他物为它的东西"(上卷,第93页)。这里就形成了两种力,它为他物成为"诱导力",他物为它成为"被诱导力"。但这两种力的概念其实是同一的,只是从力的"统一性过渡到它的二分性"(上卷,第93页)。自辩证法而言,它们是统一的力自身区分的两个不同环节,即诱导力与被诱导力。它们并不是两个完全独立的力。黑格尔指出:"首先那作为能诱导的第二种力,亦即按它的内容说作为共同的媒介的东西走出来与那个作为被诱导的力相对立。"(上卷,第93页)但是,这种对立是力自身之内的分化,而且以转向其对方,使力的二分复归于一。这就是说，诱导力首先是被诱导出来的，当它返回自身时，也是被诱导使然的。反之亦然。"由于这样在那能引诱的与那被诱导的两个环节之间发生的差别也就起了变化，两者间的规定性都发生相互的转换。"（上卷，第93页）因此，所谓两种力，其实不过是力在两个环节上的交替，它时而由主动变成被动，时而又从被动变成主动。这就是力自身表现的一种交互作用。这种所谓力的交互作用似乎就是对立面相互转化概念的最初表现。

力的交互作用，就是"彼此互为对方而存在"，还包含着"一种相互的过渡"。以两种力的相互转换为例："那能诱导的力被设定为共同的媒介，而反之那被诱导的力被设定为被迫返回自身的力，但是前者之所以是共同的媒介，只是由于它的对方是被迫返回自身的力；换句话说，对前者说来，后者毋宁是能引诱的力，并且只有它才使得前者成为共同的媒介。"（上卷，第93页）

这个力，就其内容而言，它的两个极端为："诸质料的共同媒介"和"返回自身的力"。就其形式而言，它的两端为："能引诱的"和"被诱导的"。但是，这两个极端，"它们的本质纯全在于：每一方都通过对方而存在，而每一方这样通过对方而达到的存在，却立即又不再存在，因为每一方也就是对方"（上卷，第95页）。关于对立面的相互依存与转化的道理，这里说得十分清楚明白。所以这种力的"交互作用"的本质，正好是辩证法的抽象表达。它对正确理解对立的统一很有启发。对立并不包含在统一中作为其构成因素，统一恰好是对立被否定而消失的结果。所以，"力这一概念只有在它自己的现实性［或外在化］本身中才保持其自身作为本质；那作为现实的力只纯全在于表现中，而力的表现不是别的，只是自身的扬弃"（上卷，第95页）。"因此力的实现同时就是实在性的散失。"（上卷，第95页）

我们的意识作为知性正是通过力的交互作用作为媒介深入到事物的真实背景之中的。什么叫作"事物的真实背景"呢？那就是把知性同事物的内在核心结合起来，并通过力的渗透作用进入事物的内在核心。这就是用力的过程，而用力也就是"力的消失过程"。从哲学上来讲，用力或力之消失乃是一个"非有的有"。力是无形的，因而是"非有"；但用力，又是"有"。

力作为整体而存在，作为共相"就是构成事物内在核心的东西，亦即通过力的交互作用而返回到自身的力"（上卷，第96页）。事物的内在核心是这样一个能动因素，这样一个活动原则，是有特别意义的。接着黑格尔更明确指出，"力的交互作用就是发展了的否定"（上卷，第96页），于此就可看出他把事物的内在否定性看成事物成毁的原因。这个"发展了的否定"便是活生生的辩证转化过程自身。

3. 知性概念与知性规律

事物的内在核心，对于意识来说就是概念。这个概念正是那力的交互作用的反映。因此，就黑格尔看来，概念不是僵死的，而是流动的、燃烧的。概念之中蕴藏着力，充满了情。因此，它不是纯粹知性的产物，而是合情合理的意志力的反映。"概念"是黑格尔哲学的细胞，若不领悟其实质，对他的哲学的灵魂是无法掌握的，那烦琐的考证与注释，只能加重其晦涩的分量。

黑格尔于此所讲的概念尚未达到上述高度，但已有别于一般形式逻辑的概念。不过仍未脱离知性范围，因此，仍属"知性概念"。它消除了普遍与个别的对立，超出了感官世界，进入超感官世界，并将其视为一个"真的世界"。它"超出消逝着的此岸，有一个长存着的彼岸"。知性所表现的这个真的世界，只是一种不完善的表现，"它只是真理借以表现其本质的纯粹素质"（上卷，第97页）。所以，黑格尔说："对意识说来，事物的内在核心诚然是概念，但是它还不认识概念的本性。"（上卷，第97页）因为这个概念尚为知性所局限。它之所谓"真"只是相对于感官世界而言。它是抽象的单纯的，而不是具体的真实的。

力的交互作用，使知性有可能向真理过渡。力的交互作用的本质，亦即它的规律，乃是其中所包含的普遍差别，亦即"否定"。所以黑格尔说："否定是共相的主要环节，否定或中介过程在共相中因而就是普遍的差别。这普遍差别就用规律的形式表达出来作为不稳定的现象界之持久的图象。"（上卷，第100页）规律的形式表达的内容是普遍的差别，也就是否定。普遍的差别或否定如何成为"持久的图象"呢？不稳定的现象界一切都不是持久的，都是不断变化的。但是万物皆变，唯变不变，即变化本身是持久永存的。而变的原因是普遍的差别，是否定。这就论证了否定、普遍的规律的绝对性与必然性，从而具备了规律的形式。

但是，此处论证的还是知性规律，而知性规律有其自身的缺点，"规律的这种缺点也必须在规律自身中揭示出来。规律所包含的缺点正在于它所具有的差别只是一般性的、不确定的差别"（上卷，第100—101页）。知性原则要求扬弃特定规律的复多性，坚持"只有那自在的普遍的统一性才是真理"（上卷，第101页）。但是，规律普遍化与抽象化的结果，就使得"规律便失掉了它的确定性；规律就永远成了空泛表面的东西，因而事实上我们所得到的，不是这些确定的规律之统一，而乃是一些丧失了确定性的规律"（上卷，第101页）。

知性规律的本质在于"它所发现的事实上只是规律概念本身"（上卷，第101页）。它扬弃了经验的杂多性达到了抽象的普遍性。这种普遍性之空泛而不确定是人所共知的。譬如形式逻辑概念与规律的抽象，当其无所不包，外延等于无限大时，则其内涵等于零，这就是说，空洞无物，没有确定内容。因此，知性的"规律概念"由于其纯粹性与抽象性，实际上取消了规律自身内在的差别性，这种差别性本身显示为特殊性，正是这种特殊性才避免了规律的空洞性，导致了规律的具体同一性或统一性。黑格尔指出："这个统一性就是规律的内在必然性。"（上卷，第102页）知性规律正由于抛弃了自身的内在差别性，因而也就丧失了内在必然性，得到的只是僵化、空洞的形式。

规律本身不是绝对的，而是可以分层次的。所谓规律的层次性，不是各种规律的外在排列，而是规律自身发展的阶段的表现。反映在人们认识之中，就是规律的感性、知性与理性三个层次。感性一般属于日常习见范围；知性一般属于实证科学范围；理性一般属于哲学范围。感性规律由于它的经验性而较少普遍意义，正如黑格尔所讲的："因为从表象看来，一切东西都表现为偶然性的形态，一切规定都采取感性的独立性的形式。"（上卷，第101页）严格讲来，经验的东西还谈不上是规律。例如，人们发现康德每天下午三点半钟在菩提树林荫小道上漫步，年年月月如斯，分毫不爽，说明康德的生活有严格的"规律"。其实这不过是一个人生活的固定习惯，并不是什么规律。至于理性规律，则大大提高了它的普遍程度，从而上升到第一原则的地位，另一面，它却又深深植根于具体之中，不但有其现实性而且有行动的意义。

至于知性原则，它在规律系列中起中介作用。虽说它只具有抽象的普遍性，但又决不能完全弃绝。它既是感性的扬弃，又是达到哲学的具体普遍性的前提。知性是人类特有的抽象与概括能力的表现，是从事实证科学研究的方法论的灵魂，是高级的人类辩证的哲学思维不可缺少的基础。人类如不能超感官思考问题，就说明他与禽兽没有根本区别。因此，知性相对于理性而言，虽有种种不够之处,但它却是沉睡的宇宙,第一次发射出来的照亮自己的曙光,它是人开始成其为人的骄傲。

4. 超出知性的内在世界的规律

单纯的知性只能使规律僵化、凝固,因此,规律要真正成为现实的规律,就必须用"力"来做补充,即突出规律的能动性。这一点,正是辩证法要认真考虑的。虽说在这一阶段,力的交互作用尚从属于知性概念范围,尚未达到"内在否定性"这样的辩证概念高度,但它实际上已显示了超出知性界限的朕兆。黑格尔认为,力意味着向自身的返回。这是什么意思呢?实际上讲的是自身差别与对立的"融合"。"融合"就是对知性的僵持的超出。融合这个词多年来是犯忌的,什么"矛盾融合论"啊,是反辩证法的,是要不得的。其实,反对"融合"是一种十分偏执的观点。辩证法如不讲融合,只讲单纯的对立,对立永远僵持下去,没有一个尽头,有如阿 Q 与小 D 势均力敌地对峙在那里,没有一个收场行吗?蠢如阿 Q 也只得使用精神胜利法结束这场战斗。

对立面的扬弃,即矛盾的融合,意味着辩证过程的"统一"或"否定之否定"阶段,亦即旧过程终结、新过程开始的阶段。这一阶段是过程的完成、真理的显现、事物的新生的表现。没有它就没有万事万物的成毁变化,就没有这个世界。

黑格尔说:"知性坚持着它的对象之静止的统一,而这种同语反复过程只属于知性自身,不属于对象本身。"(上卷,第 105 页)同语反复是形式逻辑的必然性,如"A=A"总是对的。这种空洞的自同只属于知性本身,而对象却是活生生的,不断分化、不断融合,除旧布新、推陈出新。因此,知性的同语反复不可能认识那规律之中的"绝对转化本身"。这个绝对转化本身,照我们看来,就是客观事物的发展过程。这个过程，黑格尔是从精神意识过程来加以考虑的，但并不妨碍借以描述客观过程。"这个过程直接地就是它自己的对立面。因为它建立一种差别，这个差别不惟对于我们没有差别，它自身反而取消了这个差别。"（上卷，第105页）这种过程的差别的产生与消灭，就是绝对转化本身。而"这个转化就是内在世界的规律"（上卷，第106页）。

黑格尔事实上已体会主客体的一致性，认为主观认识能力与客观对象的规律性是一致的。因此，内在世界并不与现象世界相对立，相反，"内在世界就是完成了的现象界"（上卷，第107页）。它们各自的规律看来好像是相反的，其实是一致的。"转化"既是客观世界的根本规律，也是内在世界的规律。

这个绝对转化本身指出：a.凡自身同一的也就是自身排斥的，那自身不同一的东西却互相吸引；b.等同者与不等同者从来不是绝对的，而是向相反方面转化，于是出现一个不等同性的自身等同性、无永久性之永久性。（参见上卷，第106页）黑格尔上述论述虽然十分错乱，但有一点却是十分清楚的，即反复阐明对立面的互相易位，向其反面转化。世界就是这样循环往复、流转变化的。

知性思维由于有了力的交互作用，才能体会到"绝对转化本身"，才能完成自己的中介过渡任务，才能消失在辩证思维里作为一个其内在的有机构成因素而继续起作用。

5. 无限性是规律的本质

黑格尔深刻揭示了内在差别与外在对峙之区分，这是掌握辩证法的一个极为重要的观点。他说："这里我们所必须加以思维的乃是纯粹的变化、自身之内的对立或矛盾。"（上卷，第109页）这种对立或矛盾不是外在的对峙，而是一体之内生长的差别。对立双方不是并存的,"那对方是直接地现存于它自身之内"(上卷,第109页)。因此,这种内在差别也就是自身差别,而自身差别是本身自足无待的,因而是无限的。这种无限性不是恶的无限性而是现实的无限性。这种现实的无限性就是内在必然性。于是,无限性就成为规律的本质。

规律的单纯本质是无限性或必然性,可以从三个方面来加以说明:

a. 规律是包含差别于其自身之内的具体的同一性的表现。它是一个自己排斥自己、自己分裂为二的自身同一的东西。这就是说"对立的同一"是规律的本质。

b. 那被分裂为二的(entzweite)成分,亦即被表象为构成规律中的诸部分,便被表明为有持存性和实体性的东西;如果脱离内在差别概念来考察这些部分,那么,它们就没有必然性。因为部分如离开了规律的整体的内在联系,它们就不是内在差别,而是外在的不相干的东西,因而就不是无限的,却是有待的,也就丧失了它的内在必然性,不成其为规律的有机组成部分了。

c. 由于有了内在差别的概念,这些外在不相干的东西,就成为一个等同的东西自身之内的差别,它们拥有它们的对方于自身之内,并且它们只是一个统一体。这就是说,分裂为二的部分,必须复归于统一,即使各自消融于其对方之中合为一体才能使自己具有规律性。(参见上卷,第110页)

黑格尔深情地描绘了这个伟大的"无限性"。这是一首哲理诗,值得反复玩味。

这个单纯的无限性或绝对概念可以叫做生命的单纯本质、世界的灵魂、普遍的血脉,它弥漫于一切事物中,它的行程不是任何差别或分裂所能阻碍或打断的，它本身毋宁就是一切差别并且是一切差别之扬弃，因此它自身像血脉似的跳动着但又没有运动，它自身震撼着，但又沉静不波。（上卷，第110—111页）

于是，黑格尔最后写道："这种自身等同性正是内在的差别。"

第三章 自我意识

黑格尔认为：自我意识与意识相比高一个层次。当意识发展到自我意识时，就"进入真理的自家的王国了"（上卷，第116页）。前此，我们是向外追求"确定性"，现在则是向内探索意识自身确定性的真理性了。

一、意识的反思

我们常说人无自知之明，想确知我自己是不容易的。一般讲，对人、对物的观察比较客观些，对自己则往往缺乏恰如其分的估价，并且对别人给自己的评价，即令较为接近实际情况，自己也往往难以接受。所以，希腊德尔斐庙铭刻的"认识你自己"，成了千古传颂的发人深省的格言。

意识向内探索，转而考虑意识自身，这是意识发展的一大飞跃。在此以前，意识所确定的都是"意识自身以外的某种东西"（上卷，第115页）。这种确定性所显示的真理，无论是感性知觉的具体物所表现的，还是知性的抽象的力的交互作用所构造的，均随物及其知性概念而消逝。因为"物无常住"，它是不断流动变化的。因此，那种感性确定性恰好是最不确定的；知性的力的交互作用的抽象,"毋宁被表明为真正地并不存在"(上卷,第115页)。这就是说,感性确定性与知性的力,它们所显示的真理,随着意识自身的前进,就变得不确定了,于是真理变成了幻影。

现在我们要进而研究那个"确定性"自身是如何被确定的?"确定性"自身如何成为真理,即"确定性"自身究为何物?也就是说,要进一步探明"确定性",自身的根据是什么?这一系列问题便引导我们进行"意识的反思"。

什么叫确定?粉笔是白的。这是被视觉通过光的中介而确定的,夜里没有光则什么颜色也看不见。眼睛随着客观情况的变化,不断改变它所确定的东西的特征。事物自身在变化,事物所在的环境在变化,人的感觉主体在变化,这三个变化的交会点是什么样子?显然它是一个复杂多变的动态结构。因此,感性确定性的扬弃,才能揭示"确定性"自身。

知性的抽象好像扬弃了感性,达到了"确定性"。其实,如前所述,知性是隔绝的、僵死的,它貌似确定,却是确定的消逝。

只有当确定性意识到自己的根据恰好是不确定时,它才成为现实的,也就是说,这时它才是真理性的。这是我对这一问题的想法。但是,黑格尔却说:"这种确定性和它的真理性是等同的;因为确定性本身就是它自己的对象,而意识本身就是真理。"(上卷,第115页)确定"确定性本身",意识此时并不是以他物为对象,而是以意识的这种确定作用为对象,也就是说以自己为对象,"意识意识自身",这就是意识的反思。这样一些想法,我看并无不可。但是黑格尔说确定性和它的真理性等同,这是什么意思呢?这里有某些笛卡儿思想的痕迹。确定某物,意即某物为真,因此,确定性乃某物之所以为真之所在。对确定性本身加以确定,意即确定性本身为真,亦即对真自身之确定,因此,确定性和它的真理性是等同的。确定性是意识功能的表现，因此，意识自身的确定性，就是意识自身的真理性的表现。于是，意识的反思过程，就是意识自己确定其自身为真理的过程。如果以此确定主体认识的客观存在性，似乎不成其为问题；如果以此证明意识本身自足无须外求而先天具有真理性，则比笛卡儿还后退一步，是纯粹的唯心论。

1. 自我意识自身

黑格尔把"概念"看作是"知识的运动"，把"对象"看作是"静止的统一或我的认识"，并认为"对象都是符合于概念的"。（上卷，第115页）这就是说，把对象看成是我的知识的静态的表现，把概念看成是我的认知活动的运动形态，此二者统一于自我。于是，确定性本身之被确定，不过是自我的动静相关的两面，它们原来是同一的。黑格尔是这样来说明这个同一性的。"自我是这种关系的内容并且是这种关联过程的本身；自我是自我本身与一个对方相对立，并且统摄这对方，这对方在自我看来同样只是它自身。"（上卷，第115—116页）

据此，动态的自我是概念，静态的自我是对象。自我的动与静的统一，概念与对象的统一，形成动静相关联的过程。在过程中，动统摄静，概念统摄对象；动就是静，概念就是对象；它们统统都是自我本身。这一切照黑格尔看来，都是在意识之内进行，只是概念的辩证运动，因而是客观唯心主义的。如果我们把对象看成是真正的客观物质对象，把概念看成是主体的认知活动，那么上述分析就更有道理了。

自我以自己作为对象，自己认识自己，于是便有了"我之自觉"，这样意识的发展便进入"自我意识"。黑格尔说："自我意识是从感性的和知觉的世界的存在反思而来的，并且，本质上是从他物的回归。"（上卷，第 116 页）自我意识从驰骛于外界回归，反求诸己，以自己作为思考的对象，因此，主客之间、我与他物之间的差别，一经意识的自我观照运动，差别就消失了，不再存在了。于是，"自我意识只是'我就是我'的静止的同语反复"（上卷，第 116 页）。黑格尔这些论述，仅仅说明一点：我确认了我自己的存在。如果自我意识就是这样，就未免太贫乏了。

黑格尔作了这样一番抽象的分析以后，却异乎寻常地指出："自我意识就是欲望一般"（上卷，第 117 页）。这真是一个思维的发展的中断，一个极大的跳跃。他一下子从抽象的思辨王国跃进到现实生活中来了。黑格尔甚至比费尔巴哈更为重视现实。尽管在论述上是思辨的、抽象的，但那些晦涩的词句后面，差不多总有历史的现实的背景。一旦他摆脱了思辨的推导，他对现实问题的分析，一般都是具体的、明快的，而且也是相当深刻的。

看来黑格尔恐怕也不满意自己的关于自我意识的抽象分析，却看中了自我意识的现象那一面，认为如果没有现象那一面与意识自身相对立，那么自我意识就不具备真实的本质，只是一个空架子。于是"欲望"就成了自我意识的客观见证。黑格尔说："如果自我意识首先是欲望，因而它就会经验到它的对象的独立性。"（上卷，第 117 页）人类的七情六欲是他们的切身的经验并不是想出来的，这一切都是自我的现象形态，于是欲望就成了我的对象的独立性的表现。

这样一来，自我意识作为"意识的反思"，它就是"我之自觉"；作为"意识的现象"，它就是"欲望一般"。这就是自我意识的本质与现象的关系。

哲学家绝不是道学夫子，一定要脱尽人间烟火气，才能返璞归真。像宋明理学家那样，把天理与人欲对立起来，高喊"存天理，去人欲"，这其实是难以办到的。在这一点上，黑格尔似乎还高明一点，他为了说明自我意识的现实性，明确肯定了"欲望"在自我意识发展中的重要地位。

2. 生命

自我意识存在的见证是"欲望"，而欲望一般正是生命现象的特征。"那当下欲望的对象即是生命。"（上卷，第 117 页）饮食男女，人之大欲存焉！没有欲望的满足，就不能维持与延续生命。一切伟大的政治目标、一切崇高的伦理规范、一切高尚的人生理想，归根到底，不能违背人类生存的欲望。所以，欲望绝不是卑贱的，而是客观的正常的。

这个以欲望为核心的"生命的发展过程包含如下诸环节。它的本质是扬弃一切差别的无限性，是纯粹的自己轴心旋转运动，是作为绝对不安息的无限性之自身的静止，是运动的各个不同环节在其中消融其差别的独立性本身，是时间的单纯本质，这本质在这种自身等同性中拥有空间的坚实形态"（上卷，第 117—118 页）。照黑格尔看来：

a. 生命是无限的。由于一切差别的扬弃，生命才能不断前进，拿现在生物学上已成为常识的语言讲，生命就是新陈代谢的无限性，它一刻也不能停止，如停止了就是生命的终结。所谓一切差别的扬弃，其实就是不断更新，永不停止。

b. 生命的无限，不是恶的无限、直线形的无限延伸，而是自己的圆圈形旋转运动。它是有起有讫的过程的无限更替，是一串圆圈，蜿蜒前进。简言之是有限与无限的统一。

c. 生命的无限性是绝对不安息的，但是这个绝对不安息的无限性之自身却是永恒的。它在过程更替中保持其永恒性。

d. 生命作为无限的运动不是平滑而无节奏的，而是在运动的内在环节中，通过差别的消长而更替，在每个环节中由于差别的消融而统一，因而具体地显现了生命的独立性，凸现了生命，又由于环节的推移，独立性因联系过渡而消失，从而体现对前一环节与后一环节的依存性，于是，又可以见到生命的绵延性。生命是独立的点与绵延的线的结合。

e.生命是时间，但不是抽象的时间。它通过生命的载体的流逝变化，在客观实践中表现为一个时空统一的坚实的形态。由于生命是时间，因此，它具有普遍的永恒的流动性。"这个普遍的流动性具有否定的本性，只由于它是诸多差别的扬弃。"（上卷，第119页）黑格尔还指出："生命在这种普遍的流动的媒介中静默地展开着形成着它的各个环节，它正是通过这一过程成为诸多环节或形态的运动或者过渡到作为过程的生命。"（上卷，第119页）生命的流动性表现为各个环节或各种形态消长更替的运动，因而生命就是这个过程的本身。这个过程的推移过渡的动力就是否定或扬弃，否定或扬弃正是生命的本质，如果说，否定或扬弃意味着"死"，那么，生命的本质就是死，没有死亡就谈不上有生命。细胞分裂，就是它的扬弃，它的死亡，正因为旧细胞的死，才有新细胞的生。死生交替，生命永存。

亚里士多德的生长原则是否定原则的现实原型，否定原则是生长原则的内在本质。黑格尔提出否定是生命的内在实质，看来是与亚里士多德有关的。

生命的否定过程表现为差别的产生与扬弃。它形成一个不断地生灭转化过程，这个过程就是生命。生命既是这样一个流动过程，但如不体现在坚实的形态之中，则是虚幻的，形态的坚实性似乎与过程的流动性有矛盾。其实流动的开始与终结是那个作为坚实形态出现的"环节"，它作为流动过程的关节点，使生命的流动有节奏地有起伏地有断续地流动，这样的流动过程才是现实的。那种没有关节作为中介的"流动",是纯粹的绝对的流动,这种流动是不可理解的、神秘的,因而是不现实的。

因此,形态的坚实性与过程的流动性的矛盾,构成生命的内在矛盾。形态凝固了,旋又解体,解体了又凝固起来,这样就形成了过程的流动。这是一个从分化、解体到凝固、生成的周而复始的圆圈形运动。"这整个圆圈式的途程构成了生命,……生命乃是自身发展着的、消解其发展过程的、并且在这种运动中简单地保持着自身的整体。"(上卷,第120页)这个关于生命的哲学表述是十分深刻而得体的。

3. 自我与欲望

欲望是自我意识的实现,是自我意识的现象形态。生命的保持与发展有赖于欲望的满足。而欲望的满足,在于"确信对方的不存在,它肯定不存在本身就是对方的真理性,它消灭那独立存在的对象,因而给予自身以确信,作为真实的确信,这确信对于它已经从客观的方式实现了"(上卷,第120—121页)。作为满足欲望的对象,是欲望吞噬、践踏的对象。人要维持其生命,便要吃饭吃肉以万物为刍狗。人的食欲满足了,饭菜也就消灭了。因此,欲望的对象的本质就是不存在、就是要被消灭。正是由于对方在满足自己的欲望过程中被消灭了,从而确信自己的存在。自身的存在恰好以对方的不存在作为基础。黑格尔于此并没有说出什么深奥的道理,不过是以艰涩的思辨语言说出一件常识范围内的东西。

但是"为了要扬弃对方,必须有对方存在"(上卷,第121页),否则就没有对象可供消灭了。所以作为满足欲望的对象"必须自己否定它自己,因为它潜在地是否定性的东西,并且它必须作为一个否定性的东西为对方而存在"(上卷,第121页)。因此,欲望的对象的存在不是独立的,它是为对方消灭它而存在的。猪存活长膘完全是为了以备人类的啖食。

自我的实现首先在于欲望的满足,在于消灭对方以确证自身的存在。黑格尔这些常识化的"思辨",其意义似不在哲学方面,而在政治方面,即其中好像蕴藏了某些资产阶级民主主义思想,透露了他对主奴关系的不满。

二、主人与奴隶

黑格尔认为:自我意识的出现,使我们第一次得以摆脱感性的羁绊与知性的空洞,"它才从感性的此岸世界之五色缤纷的假象里并且从超感官的彼岸世界之空洞的黑夜里走出来,进入到现在世界的精神的光天化日"(上卷,第122页)。如果说,欲望的出现是黑格尔思想的第一次跳跃,即从思辨的自我过渡到一个生物的人;现在就出现了第二次跳跃,即从生物的人过渡到社会的人了。虽说问题的论述仍然是思辨的,但内容却是非常现实的。

"精神"作为意识发展的一个环节的全面展开,实际上是关于社会意识的探讨。但是,它在自我意识的成长过程中已悄悄地伴生了,因此,黑格尔不得不提前论述"精神"的萌芽状态。于此,黑格尔已跨入社会历史领域。

黑格尔说:"两个自我意识的关系就具有这样的特点,即它们自己和彼此间都通过生死的斗争来证明它们的存在。"(上卷,第126页)于此,黑格尔实际看到了社会阶级对立的情况。例如,主人和奴隶的关系,黑格尔讳言是两个阶级的抗争,甚至不把他们视为具体的人,而是两种自我意识的代表。但是,他描述的这种抗争,却不是抽象意识之间的相互否定关系,实际上阐发了他的社会人生态度。

他认为，人生就是斗争，只有在战斗中才能感到人生的价值。他说："一个不曾把生命拿去拚了一场的个人，诚然也可以被承认为一个人，但是他没有达到他之所以被承认的真理性作为一个独立的自我意识。"(上卷，第126页)独立性只有通过生死搏斗才能实现。拉美特利便曾说过：打一场没有危险的仗，胜了也不光荣。人只有在战斗中求生存，生存才有价值。这就是黑格尔的价值观。我认为现在看来还是有积极意义的。

意识的肯定状态与否定状态，意味着生死斗争。"生"是意识的自然的肯定；"死"是意识的自然的否定。肯定的意识具有独立性，否定的意识则不具有独立性。于是，就产生两种相对立的意识：独立的意识与依赖的意识。独立的意识是自为存在，依赖意识则是为对方而存在。独立的意识与依赖的意识的现实原型是主人与奴隶，主人是独立的意识，奴隶是依赖的意识。这里，黑格尔实际上讲的是阶级对立的社会中，被剥削被压迫阶级对其主人的人身依附关系。我们只要撩开那一层思辨的面纱，便可见到他的社会观点的进步性。

1. 统治

"统治"是阶级分化的必然结果，攫取社会财富据为己有的阶级，为了维护其既得利益，必须实施政治"统治"，以镇压、榨取社会财富的创造者。"统治"是社会政治现象的精髓。"统治"有它的绝对的社会权威性，但又有逆乎人性的卑劣性。

黑格尔从自我意识的分裂出发，说明统治的形成，这种说法自然是典型的唯心主义。不过黑格尔实际上刻画了主奴之间的深刻的阶级对立，并指出这种对立的转化，主人终成为社会多余的阶级。这些进步思想以后就成了历史唯物主义的理论渊源。

黑格尔说："主人通过独立存在间接地使自身与奴隶相关联，因为正是在这种关系里,奴隶才成为奴隶。这就是他在斗争中所未能挣脱的锁链,并且因而证明了他自己不是独立的,只有在物的形式下他才有独立性。但是主人有力量支配他的这种存在,因为在斗争中他证明了这种存在对于他只是一种否定的东西。主人既然有力量支配他的存在,而这种存在又有力量支配它的对方(奴隶),所以在这个推移过程中,主人就把他的对方放在自己权力支配之下。同样主人通过奴隶间接地与物发生关系。奴隶作为一般的自我意识也对物发生否定的关系,并且能够扬弃物。但是对于奴隶来说,物也是独立的,因此通过他的否定作用他不能一下子就把物消灭掉,这就是说,他只能对物予以加工改造。反之,通过这种中介,主人对物的直接关系,就成为对于物的纯粹否定,换言之,主人就享受了物。"(上卷,第128页)

黑格尔这一大段话倒是相当明快的,没有什么晦涩难懂之处。他意在说明主人、奴隶与物的关系。主人拥有奴隶及物资,这一切均在其权力支配之下,所谓普天之下莫非王土,率土之滨莫非王臣。在这至高无上的权力下,主人显示了充分的独立性。至于奴隶呢?只是能说话的工具,有如牛马,任主人所役使,他之没有独立性只能依附于主人也是显然的。但是主人的独立性实际上又受到了限制。奴隶作为工具直接与物打交道,在对物的加工改造过程中,有了一定的独立性,相对地摆脱了对主人的依附,但物并不完全由奴隶支配,因此,物对于奴隶而言,仍保留一定的独立性。只有主人才能对物进行彻底的否定,把它消费掉。主人的欲望通过奴隶的劳动对物加工改造,从而为主人所享用而得到满足。主人没有奴隶劳动作中介,就不能真正主宰物,没有奴隶提供物品,主人就无法生存。所以,从国家权力讲,奴隶屈从于主人;从实际生活讲,主人却依赖奴隶。这样一来,主人与奴隶竟互易其位了:独立意识变成了依赖意识；依赖意识变成了独立意识。于此，黑格尔指出："独立的意识的真理乃是奴隶的意识。"（上卷，第129页）这样，奴隶在实际上却赢得了真实的独立性。此处显示了黑格尔的辩证法的天才，他说出了一个深刻的社会真理：归根到底劳动人民是社会的真正的主人。黑格尔思想中某些观点已超出了他的阶级局限性，成为马克思主义的直接先驱。

2. 恐惧

黑格尔说："就奴隶来说，主人是本质。"（上卷，第129页）这是符合剥削社会的状况的。奴隶作为工具，对主人只能俯首听命，完全从属于他的主人；奴隶作为工具，其地位等同于牛马，但毕竟不是牛马，他和主人一样，也是血肉之躯，也是人！因此，主人要使奴隶就范，就必须对奴隶进行残酷无情的压制。奴隶从事劳动是带着锁链的，为了防止奴隶破坏，工具也是极其笨重的。对于奴隶没有任何人道主义可言。那残酷的折磨与无情的镇压，在奴隶的心灵上造成了死亡的阴影，因而时刻都怀有死的恐惧。这种恐惧之感的形成正是"统治"所必需的。君王对奴隶从来没有什么"仁政"，标榜"仁政"也是骗人的。他不横征暴敛是无法生存的；不搞阴谋诡计也是无法实现其统治的。

使奴隶终身生活在恐惧之中，是那样的社会所必需的，因此，灾难临头，不是个别的、一时的，黑格尔说："而是对于他的整个存在怀着恐惧，因为他曾经感受过死的恐惧、对绝对主人的恐惧。死的恐惧在他的经验中曾经浸透进他的内在灵魂，曾经震撼过他整个躯体，并且一切固定规章命令都使得他发抖。"（上卷，第130页）黑格尔的这些话是对剥削社会的深刻揭露，为共产主义事业而奋斗的无产阶级要改变这一状况，不但是一场艰巨的社会革命，而且是一场持久的思想革命。

3. 培养与陶冶

主人的统治伴随奴隶的恐惧，这是人类从早期野蛮蒙昧时期进入文明时期后留下的残余的痕迹。暴力统治尚不能根绝，恐惧仍然存在。如何对待呢？我们共产党人主张奋起斗争，但黑格尔却从另一个角度提出问题：他从奴隶极其不幸的生活中，却看到了人类的希望。他指出"对于主［或主人］的恐惧是智慧的开始"（上卷，第130页）。

在表面上，主人是安享尊荣的，他的无穷的欲望总可得到满足，这个"欲望却为自身保有其对于对象之纯粹的否定，因而享有十足的自我感"（上卷，第130页）。当主人纸醉金迷、酒足饭饱之际，自然充分意识到自己的存在，大有舍我其谁之概。

但是这种满足是随即消逝的东西，所以当主人的自我感充分发挥之时，客观上主人却丧失了自我。因为他的欲望得到满足是完全不劳而获的。黑格尔认为劳动才是客观的持久的实质的。黑格尔说："劳动是受到限制或节制的欲望，亦即延迟了的满足的消逝，换句话说，劳动陶冶事物。"于是，"这种意识现在在劳动中外在化自己，进入到持久的状态"（上卷，第130页）。因此，劳动就成了陶冶事物、启迪智慧、体现自我之源。这一卓越思想可视为我们的"劳动创造世界"的先声。

当然，在黑格尔看来，奴隶是因死的恐惧，不得不从事劳动。主人的欲望靠他们劳动的产品供奉得以满足。于是关于物的处理的权力便交给了奴隶，奴隶摆弄手头的器件，对物加工改造，贯注了自己的精神与技巧于物件之中，此时，倒是享有了更实在的自我感，而且这种自我感嵌入了劳动产品之中，而进入到持久的状态。在对物的加工改造过程中，主人不断提出越来越高的要求，奴隶便不得不改进他的劳动的技巧，以满足主人无止境的欲望。因此，在劳动过程中，奴隶的能力与技巧日益精进，从而使其智慧日益发达。因为智慧首先是通过工艺劳动而发展起来的，例如，烹调技术、工艺品制造，等等。劳动是艰苦的，劳动的创造是永恒的，特别是劳动不但创造了物，而且创造了真正的现实的人。至于那颐指气使的主人呢？因为完全脱离劳动，变得越来越无知，一般的权贵及其子孙们几乎都是蠢材，正是由于他们长期过着不劳而获的寄生生活的缘故。

所以，在"享有十足的自我感"问题上，黑格尔又充分发挥了他的辩证法天才，主奴易位了：主人不事劳动最终丧失了自我，奴隶从事劳动真正享有十足的自我感。

黑格尔对奴隶怀有如此深切的同情，说明他深受西欧人文主义思潮的影响。但是，他没有奋起反抗的雄心，反而默认"恐惧"之必要。他认为"恐惧"迫使劳动，"陶冶"意识到劳动的必需，此二者便成为奴隶返回自身的两个环节。因为奴隶被迫长期从事劳动，陶冶事物，在陶冶事物的过程中，劳动便成为奴隶所固有的了，所以黑格尔说："因此正是在劳动里（虽说在劳动里似乎仅仅体现异己者的意向），奴隶通过自己再重新发现自己的过程，才意识到他自己固有的意向。"（上卷，第131页）

奴隶在劳动过程中成其为人了，但是在黑格尔心目中仍然是仆人。他说："没有服务和听从的训练则恐惧只停留在外表形式上，不会在现实生活中震撼人的整个身心。没有陶冶事物的劳动则恐惧只停留在内心里，使人目瞪口呆，而意识也得不到提高与发展。"（上卷，第131页）黑格尔要把恐惧与服务、听从、陶冶联系起来，认为只有这样，恐惧才能落实为行动，从而使意识获得提高与发展，达到在现实生活中震撼人的整个身心。这样，主观上就达到了提高自己；客观上就达到了顺从主人提供优质服务。这就充分暴露了黑格尔思想上的弱点。他只希望奴隶成为温顺能干的好仆人。

生活一帆风顺并不是好事情，它只能培育出花花公子或世俗庸人。我们中国有这样的格言：天将降大任于斯人也，必先劳其心智、饿其体肤、困乏其身，总之必须给以身心的磨难才能成才肩负重任。黑格尔也有类似的想法，他认为没有经过深重的灾难和绝对恐惧的人，是不会有大智大勇的，而只能流于任性和偏见，只能耍一点小聪明。"这种小聪明只对于某一些事象有一定的应付能力，但对于那普遍的力量和那整个客观的现实却不能掌握。"（上卷，第132页）因此，恐惧、灾难、磨炼、服从也不是绝对坏的事情。

三、自我意识自身的历史发展过程

黑格尔认为，自我意识要获得自由，必须摆脱表象、形象化的东西、存在着的东西，因为这些东西是与意识的本质相异的。自我意识之所以不自由是由于受到表象之类的东西的羁绊。他说："在思维里，对象不是以表象或形象的方式而是以概念的方式被把握，这就是说，在思维里，对象是以一个异于意识的自在存在的身分直接地作为意识的对象，但又与意识没有差别。"（上卷，第133页）这就是说，意识一旦进入概念，才能达到意识本身及其表达的统一。概念是属于"我的"，这样，自我意识就摆脱了外在的羁绊而获得了自由。意识之所以获得自由，就在于表达形式上完全摆脱了形象化地存在着的东西，采取了概念的形式。这是从纯粹抽象分析形式得出的结论。黑格尔认为这种逻辑分析是必要的，但不是充分的。它应有更深刻的历史根源。那就是自我意识的发展，初步获得自由，有它的历史发展的客观根据。他从哲学思想的历史发展中，首先找到了斯多葛主义（Stoicism）作为自我意识发展的第一个历史形态。

1. 斯多葛主义 ——纯粹的思维

黑格尔认为斯多葛主义就是自由的自我意识的历史表现。斯多葛主义的原则认为"意识是能思维的东西，只有思维才是意识的本质，并且认为：任何东西只有当意识作为思维的存在去对待它时，它对于意识才是重要的或者才是真的和善的"（上卷，第133—134页）。黑格尔看到了斯多葛主义崇尚思维，把一切东西均视为"思维的存在"，因而把它列为"纯粹思维"的代表。因为这种想法正合黑格尔的心意。

其实斯多葛主义在哲学史上是以研究伦理学著称，与纯粹思维之类很少直接联系。只是他们认为人的本性是合乎理性的，因此，自我的实现也就是理性的实现。理性是善的根据，他们主张主要的善是按照健全理性根据我们本性所选择的事情去做。强调理性也就是强调思维的作用。

看来黑格尔是颇为欣赏斯多葛主义的抽象的道德说教的。他们认为真正有德性的行为是有意识地导向最高目标的行为；他们强调公共福利，必要时要求牺牲个人利益；这类想法是与黑格尔非常合拍的。黑格尔认为个人必须服从整体，只有把个人作为整体不可分割的一部分，个人才能获得自由。换言之，只有在那个抽象的大我之中，具体的小我才有存在的价值。因此，黑格尔说："不论在宝座上或在枷锁中，在它的个体生活的一切交接往来的依赖关系之中，它都是自由的、超脱的，它都要保持一种没有生命的宁静，这种没有生命的宁静使它经常脱离生存的运动、脱离影响他人与接受影响的活动而退回到单纯的思想实在性之中。"（上卷，第134页）这样一种自由，是叫人超脱红尘，脱离一切的人和事，让生命止息，寂然而不动心。

这种自我意识的抽象性、主观性，黑格尔倒是认为正是由于它，才赢得了思维的纯粹性。黑格尔说："作为能思维的个人应该把活生生的世界理解为一个思想的体系，那么在思想本身内就应该具有这样广阔的内容，对于生活方面善的东西，对于世界里面真的东西都具有思想的形式，这样一来，所有一切意识的对象就彻头彻尾地除了概念——而概念是意识的本质——以外就没有别的内容了。"（上卷，第135页）

黑格尔特别欣赏斯多葛主义的是把一切都归结为"概念"，归结为"理性"。但是，这只是自我意识发展的第一步，它是应该被扬弃的。这种自我意识的纯概念性所获得的自由是极端抽象的，它脱离了事物的多样性，因而就没有任何现实的内容。斯多葛主义所谓的合理的真和善，只能是主观的、纯粹形式主义的。于是，黑格尔指出："斯多葛主义所宣扬的一些普通名词：真与善，智慧与道德，一般讲来，无疑地是很高超的，但是由于它们事实上不能够达到任何广阔的内容，它们不久也就开始令人感到厌倦了。"（上卷，第135页）

这种纯粹的思维虽说非常高超，但却内容空洞。纯粹的思维必须否定其自身，达到概念的实现，这就是说：纯粹的思维、抽象的概念要重返红尘寻找它的肉身。这样，斯多葛主义就进入到了怀疑主义。

2. 怀疑主义——否定的思维

黑格尔把意识自身的逻辑发展和历史上的哲学派别联系起来，试图说明逻辑与历史的一致性。这是一个十分有益的尝试，列宁对这一点也是十分赞赏的。当然只能说大体一致，不要去主观地硬凑。

在黑格尔论述中牵强附会之处是不少的。斯多葛主义为什么一定要进入怀疑主义？它们之间虽有历史上的前后相继，但是否具有逻辑的必然性？这是很难论证的。

黑格尔说："思想完全成为一种否定的思维，否定了那多方面地有规定的世界，而自由的自我意识的否定性在生活的这种多样性形态中成为真实的否定性。"（上卷，第136页）黑格尔在这里看来又是颠倒的，生活的多样性形态表明其自身所包含的差别以及差别的扬弃，这才是客观的真实的否定性。否定的思维不过是它的主观表现罢了。

思维的否定性，自我们的观点而言，植根于客观的变化之中。这种否定性便意味着无限性，因为否定就是规定、界限的突破。所以，"从思维或无限性的原则看来，那些与它有差别的种种独立事物，都只是行将消逝的东西"（上卷，第136页）。这些独立事物是有规定的，有界限的。规定、界限的否定，便是这些独立事物的消逝而转化为另一新的事物。

怀疑主义从其积极意义而言，它正是思维的否定性或无限性的表现。意识的本质是思维，而思维的本质是否定，因此，怀疑就是对事物持否定态度，这也就是一种分析态度，而不是轻信。轻信，是一种信仰主义态度；而怀疑，却是一种科学态度。

黑格尔对怀疑主义并不采取完全排斥的态度，认为"怀疑主义指出了由感性确定性、知觉到知性的辩证运动，它又指出那在主人和奴隶关系中被抽象思维本身认为是确定了或固定了的东西之非本质性"（上卷，第136页）。正由于怀疑具有否定的本质，因此，它自然地与辩证法相近。它不对事物做出绝对肯定的判断，这样就易于见到事物之间的否定、推移、转化的辩证运动。其次，它之所以能看出抽象思维所确定了的东西之非本质性，乃是由于抽象思维所确定的，只是存在的一个侧面，而抛弃了其他方面，从而使这种确定具有了外在性、片面性与特殊性，这样，其结果是非本质的。

虽说辩证法与怀疑主义有某些相通之处，但不能将辩证法归结为怀疑主义。它们虽然同以否定性为其特征，但怀疑主义只是单纯的否定，归结为虚无；辩证法是扬弃式的否定，它不归结为虚无，而是复归于肯定。

黑格尔从客观唯心立场出发，指出："辩证法作为否定的运动，象它直接地存在着那样，对于意识说来显得首先是意识必须向它屈服而且它是不通过意识本身而存在着的东西。反之在怀疑主义里，辩证法是自我意识的一个环节，自我意识在这种否定过程里不仅发现它的真理性和实在性消失了，而不自知其如何消失的，而且于确信它自己的自由时，使得那给予的被认作真实的他物也随之消失，换言之，在怀疑主义面前，所消失的不仅是客观事物本身，而且自我意识认客观事物为客观的和有效准的根本态度也消失了，这也就是说，它的知觉，以及它对于它有失掉的危险的东西加以稳定下来的努力，它的诡辩，和由它自身规定的并固定下来的真理也都一起消失了。"（上卷，第 137 页）

黑格尔这一大段议论，从他的意图而言，是反对流于主观唯心论的怀疑主义，从而论证其客观唯心的辩证法的正确性。但是，实质上却说明了"存在的辩证法"的真理性，只要我们把那个存在看成是"客观存在"，而不是黑格尔的那个"纯存在"就行了。

至于怀疑主义，自以为否定了一切，因而摆脱了任何一种外在的羁绊以及自身的稳定性，从而"确信它自己的自由"，实际上却归结为绝对的虚无，反而使自己屈从于偶然性，得不到真正的自由。所以黑格尔说："那意识本身毋宁就是绝对的辩证的不安息"，而为"它自己带来并保持着这种自相矛盾的紊乱"。因此，怀疑主义"这种自身运动着的否定过程所对待的只是个别事物,所周旋的只是偶然性的东西"(上卷,第138页)。

怀疑主义所幻想的"自由"是摆脱一切约束、我行我素,它超出一切、唯我是尊。但是实际的结果如何呢?它只能在纷繁杂沓的事件中漫无目的地乱撞,就像一只苍蝇在玻璃窗上乱撞一样,这恰巧说明它完全受偶然性的支配,没有一点自由。

黑格尔指出,怀疑主义本身无法克服的矛盾是:"一方面它认识到它的自由在于超出有限存在中一切紊乱和一切偶然性,而另一方面它又同样自己承认自由在于退回到非本质的东西并徘徊周旋于这些非本质的东西里面。"(上卷,第138页)因此,在怀疑主义那里,它口头所宣称的,却为它本身所否定,它的言行始终处于自相矛盾之中,所以"在怀疑主义里,意识真正讲来经验到它自己是一个自身矛盾着的意识"(上卷,第139页)。

照黑格尔看来,在斯多葛主义里,自由是抽象的超尘世的;在怀疑主义里,自由是对现存一切的否定,绝对自由的结果走向了反面,即变成了偶然性的奴隶,自己为自己的"自由"所苦,于是自我意识之中出现了内在矛盾。

至此,那主奴之间的外在对峙,就集中在一个人身上了。于是,那否定的思维便向苦恼的意识的过渡。

3. 坏的主观唯心主义 —— 苦恼的意识

自我意识追求自由,得到的却是不自由,表明其自身之内的二元化。"苦恼的意识就是那意识到自身是二元化的、分裂的、仅仅是矛盾着的东西。"(上卷,第140页)这时矛盾集中于一身,但又未达到真正的统一。这就是说,矛盾永不消解转化,纠缠、动荡、骚扰,无片刻宁静,因而产生苦恼。如黑格尔所讲的:"当每一方面自以为

获得了胜利、达到了安静的统一时,它就立刻从统一体中被驱逐出来。"(上卷,第140页)

如果说上述的斯多葛主义是一种完全脱离了个别性的、抽象的不变的纯粹思维,那么怀疑主义就是个别的、包含着不可克服的矛盾的不安息的思维,至于苦恼意识呢?则"超出了这两派思想,它把纯粹思维和个别性结合起来并保持起来了,不过还没有提高到那样一种思维,在它那里意识个别性和纯粹思维本身得到了和解"(上卷,第144页)。

此处,黑格尔的用意在于:苦恼意识试图结合那不变的与变化的意识、本质的与个别的意识,但是在这种结合中,矛盾得不到扬弃,在这种矛盾运动里,"对立面在它的对立面里只是不能得到安息的,而只有作为对立面在它的对立面里重新创造自己"(上卷,第141页)。这种对立的斗争是永不安息的,一方只有挣扎克制对方从而保全与发展自己。这真是一场"对敌的斗争,在这场斗争里对敌的胜利毋宁是一种失败,获得一个东西毋宁意味着与它的对方失掉了同一的东西"(上卷,第141页)。其结果是感到痛苦。这就是说,苦恼意识执两端而相斗,双方相持,相互厮杀,永不安息,而濒于同归于尽的绝境。

所以苦恼意识的这种结合,还不是思维的辩证统一,"它不是在思想,而只是在默想,——它是虔敬默祷的默想。它的思维不过是无形象的钟声的沉响或一种热薰薰的香烟的缭绕,换言之,只不过是一种音乐式的思想,而没有达到概念的水平,只有概念才是唯一的、内在的、客观的思维方式"(上卷,第144—145页)。严格讲来,这种默想、音乐式的"思想",不属于概念思维,而只是一种情调。它意识到自身处于分裂的、困斗的痛苦状态之中,完全无法自拔,而绝望悲观,因而切盼托庇一个东西,帮助它解脱矛盾得到安宁。这正是一种宗教式的感情。这种感情不可能给意识以真正的独立自由感。

苦恼意识作为上述那种状态只表明它是纯粹的情调，一种尚无现实性的内部心情。但是当它作为独立存在着的现实的东西而出现时，就表现为欲望与劳动。人何必自寻苦恼？通过劳动而在现实中满足自己的欲望，这才是自我解脱之道。黑格尔说："劳动对于意识证实了对它自己本身的内在确定性，这种确定性，我们看见，是通过扬弃和享受异己的存在，亦即通过扬弃和享受以独立事物的姿态出现的异己的存在而达到的。"（上卷，第146页）但是，这一点对于苦恼意识而言，还只是一种愿望，它尚未达到这种确定性，反而确定地证实了自己的苦恼与失望。

欲望与劳动所指向的现实有它的两面，即能动的一面与被动的一面。这能动的力量是使现实解体的威力，即变革外界的威力；那被动的对象，就是欲求的对象，劳动的对象，享受的对象。但是，这种外部的行动和享受，却随着对象的消逝而消逝了。因此，其结果仍然是虚幻的。

虚幻、失望、苦恼，就使得自己局限在"狭隘的自我和琐屑的行动中，它老是怀念忧虑着自己的不幸和贫乏得可怜的处境"（上卷，第150页）。所以无论是内在情绪的苦闷与外在行动的贫乏虚幻，它都无法使自己得到超脱。那么如何才得以摆脱这种困境呢？这就要求把所有这一切视为生疏而不相干的东西、毫无意义的东西而加以放弃。甚至要求在绝食与苦行中弃绝这一切。因此，"首先放弃自作决定的权利与自由，其次放弃从劳动得来的财产和享受，最后通过一个肯定的步骤，作自己所不懂得的事，说自己所不懂得的话，意识可算得真正地，完全地放弃了它内心的和外在的自由或者放弃了作为它的自为存在的现实性"（上卷，第151页）。黑格尔指出:"只有通过这种真实的自我牺牲,意识才能保证对它自身的否定与弃绝。"因为"在这种实际的完成了的牺牲里,意识一方面扬弃了它个别的独特的行动,但另一方面意识也就自在地消除了它的苦恼"。(上卷,第 151、152 页)于是,这种自我牺牲的行为便形成了一种超脱。这是一种什么超脱呢?放弃个人的尊严与人格和应有的权利与自由;放弃一切的物质生活的享受;放弃自己的健康理智使自己变成一个语无伦次的疯子。这种感情上与意志上的所谓"超脱",实际上是违背人之所以为人的本性的,那装疯卖傻、悖乎常情的乖张行动之中却压抑着更深的苦恼,这种"超脱",仍然不能将你带到那真理的彼岸。所以这种苦恼的扬弃却是更深的苦恼。

黑格尔认为上述一切都是无济于事的,唯有理性之舟才能帮助你渡过无边苦海到达真理的彼岸。因为只有理性的出现,才能使意识"确信在它的个别性里它就是绝对自在的存在,或者它就是一切实在这一观念"(上卷,第 153 页)。这就是说,只有理性才能使个别性脱去偶然性的外观,显现绝对的本质就在其中;只有理性才是现象世界的灵魂,由于有了理性,世界才不是虚幻的而是实在的。这种理性即实在的观点当然是唯心的,但理性在意识形态中、在概念与科学系统的形成中的极其重要的作用却是不可忽视的。

第四章　理性

自我意识乃意识活动由向外追索、托庇他物而显现自己转而对他物持否定态度，从而返回到自身，于是肯定了自己，这样意识就了解了自己的本质。因为自我意识经过内在的苦恼与外在的虚幻，发觉内外一无是处，唯有理性才能使自己达到实在而得到安顿，所以只有理性才是自我意识的本质。

一、理性即实在

"理性即实在"是黑格尔哲学中一个极为重要的命题。他不仅在《精神现象学》中，也在《小逻辑》、《法哲学原理》等书中反复论述了这个问题。例如他在《法哲学原理》中提出："凡是合乎理性的东西都是现实的；凡是现实的东西都是合乎理性的。"照黑格尔看来，理性的东西并不是空洞的、干枯的，完全脱离实际的，相反，它就在外部实存之中，因此表现出无限丰富的形态。这些说法与"理性即实在"是完全一致的。这一命题是他的客观唯心论体系的基本命题之一。当然，这一唯心主义命题之中却包含了现实的、革命的因素，此点恩格斯在《路德维希·费尔巴哈和德国古典哲学的终结》中有极为精辟的分析，就不用赘述了。

1. 意识自身之肯定乃是理性的基础

什么是理性呢？"理性就是意识确知它自己即是一切实在这个确定性"（上卷，第155页）。黑格尔毫不隐瞒这正是唯心主义关于理性的表达。他进一步说明道："自我意识不仅自为地是一切实在，而且自在地是一切实在，它之所以既是自为的又是自在的实在，是因为它变成了这个实在或更确切地说证明了自己是这样的实在。"（上卷，第155页）因此，理性与实在其实就是一回事。

关于理性的基础，首先是客观物质世界高度发展的结果，理性一旦在客观物质基础上形成，它就有它自身活动的形成与发展过程，这一点其实是十分明白的。而黑格尔却认为："理性的基础在于各个意识的自我意识：我即是我，我的对象和本质就是我。"（上卷，第156页）因此，意识之自身的肯定乃是理性的基础。这种说法并无深奥的道理，只是形式逻辑关于推理根据的一般知性原则，即逻辑推理的最终根据必须自身确定而不有赖于他物来确定的原则。这也是笛卡儿的怀疑本身不能被怀疑的观点的重现。因此，这种论证是知性的，并不是辩证的。

意识自身的肯定乃是理性的基础，就黑格尔而言，是他的哲学体系的出发点的确定性与真理性得到确认之所在。理性或思想可以对他物进行确定，但理性单纯向外驰骛，抑扬他物，评价是非，其自身究竟如何？并未得到确定，则理性对他物的确定，实际上也未得到确定，因而不可能达到真理。所以理性必须反观自照，转而寻求自身的确定性。理性既然是诸事物是否为真的最高裁决者，当然就无物可以对理性进行裁决，而只能自己裁决自己。所以黑格尔说："只有理性超脱这个对立的确定性而作为一种反思出现的时候，它的自我肯定才不仅仅是确定性和保证，而是真理；才不是与其他真理并存的，而是唯一的真理。"（上卷，第156—157页）这就是说，理性无须外求，自我反思，自己确定自己，因而它之为真与他物之为真是不同的，前者是无待的，后者是有待的，因此理性自己确定自己之为真理是唯一的，因而也是绝对的。

2. 理性的运动表现为范畴

范畴是什么？自形式逻辑而言，它是至大无外的概念，它能规定其他概念而本身不被他物规定。因此，黑格尔的理性运动具有这种范畴特征。但是，这还是就范畴的形式方面而言。如就其实质而言，"范畴本来的意义是指存在物的本质性，但并不确定是一般存在物的还是与意识相对的存在物的本质性，而现在则成了只作为思维着的现实的那种存在物的本质性或单纯统一；或者说，范畴意味着：存在与自我意识就是同一个东西，并不是比较地相同，而是就其本身说根本是一个东西"（上卷，第157页）。黑格尔指出范畴的实质在于：存在与自我意识的同一。这就是说：存在即自我意识；自我意识即存在。此二者合为一体形成其自身的内在差别，而这种差别又不是一个差别，即彼此之间不是那样泾渭分明，差别在彼此矛盾中消长变化，你中有我，我中有你，你我似有区分又不能区分而融为一体。所以范畴是绝对差别与自身相同的统一，是众多性与同一性的统一。那差别众多是存在的表现；那自身同一是理性的表现。它们其实又是一个东西。有如"月映万川"，水中月影是众多的，因山川情景不同而显示出各种差别，而天上之月是相同的。月与月影其实又是一个东西。这里似乎多少有一点柏拉图的味道，但又有超出柏拉图之处，即理与物不是完全隔绝的，而是理溶于物彼此交融的。正是在这一点上，理性超越了知性，它扬弃了普遍的抽象性，寓差别于同一之中，寓个性于共性之中，寓存在于理性之中。虽说这种结合是在意识范围之内进行，但也有其合理的因素可供我们汲取。

3. 理性的现实性有别于知性的抽象性

绝对差别、众多性的出现事实上就与范畴的纯粹性、同一性相矛盾了。因此，这个"纯粹的统一就必须在自身中扬弃这个众多性并从而将自己构成为诸差别的否定的统一"（上卷，第 158 页）。这个否定的统一，由于排斥了差别性与直接的纯粹统一性，就成为个别性。所谓"个别性是范畴从它的概念转化为一个外在实在的过渡，纯粹的图式"（上卷，第 158 页）。这里黑格尔初步设想他的"概念的外化过程"。那个作为范畴的实质的"纯粹的统一"经历了一个对自身的扬弃，从而达到"个别性"，这个"个别性"乃是一个"纯粹的图式"，仿佛是一个建筑物的蓝图。最终过渡到"外在实存"，即根据蓝图构造出一幢建筑物。把这一过程加以公式化便是，"纯粹统一——个别性（纯粹图式）——外在实存"。这是一个典型的客观唯心主义的公式。

因此，就黑格尔而言，理性并非纯粹的抽象，并不完全排斥现实的个别的东西，相反，它正好通过外部实存的东西，从而克服了自己的纯粹性、抽象性而达到了"现实性"。理性正是以它的现实性与知性的抽象性相区别。黑格尔说，他所坚持的这种现实的理性"并不是象所说的这样的毫无成果，当它首先仅仅是确信自己即一切实在这个确定性时，它在这个概念中意识到，作为确定性，作为我它还并不真正地即是实在，因而它已被迫将它的确定性提高为真理性，并已被迫将空虚的我性予以充实"（上卷，第 160—161 页）。

黑格尔这个声明是令人感兴趣的。他表明他并不耽于抽象的思辨，他不满意的是那种空虚的主观唯心主义，即贝克莱式的绝对经验主义。他指出：这种主观唯心主义"将对象作为一个区别物予以扬弃而吸收为己有；并且宣布自己为这个确定性：它自己即是一切实在、既是它自身又是它的对象"（上卷，第159页）。它宣称一切都是我的、万物皆备于我，于是把一切归结为纯粹的我性（mein），"从而将事物表述为感觉或表象"（上卷，第159页）。黑格尔反对这种主观唯心的绝对经验主义是完全正当的，他为了避免他的纯粹的理性从另一极端陷入空洞性与抽象性，竭力地将空虚的我性予以充实，即通过个别性达到外部实存，从而使理性具有了现实性。可见黑格尔并不排斥客观物质世界，实际上在唯心的前提下，充实了客观现实的内容。如果把它颠倒过来，这个理论不但超过绝对经验主义、怀疑主义（只是经验主义的否定方式），而且也超过了机械唯物主义。正如列宁讲过的，聪明的唯心主义胜过愚笨的唯物主义甚至转弯抹角地接近聪明的唯物主义。

二、理性的自然考察

黑格尔认为，当意识处于知觉、经验、知性阶段时，只是适逢其会，完全是一种纯粹偶然状态。当意识进入理性阶段就不同了，此时理性自己运用起观察与经验来了，在理性指导下的观察与经验，便摆脱了它们的偶然性而有一定的自觉性了。因此，如果前者为自在的话后者就是自为的了。

"理性的任务，在于知道真理。"（上卷，第161页）真理固然只有理性才能掌握，但理性如与这个世界完全隔绝，那它就无从掌握真理。因此黑格尔说："理性现在对世界感到一种普遍的兴趣，因为它确知它自己就在世界里，或者说，它确知世界的现在是合乎理性的。"（上卷，第161页）于是理性有意识地观察世界，力图在事物之中发现自己。黑格尔说:"意识进行观察,这意味着什么呢?这是说,理性要想发现它自己就是存在着的对象,就是在现实的、感性现在的方式下存在着的对象,并自认为是自己的这样的对象。"(上卷,第162页)原来理性与感性事物并不是完全隔绝的,它就是那具有感性外观的现存事物。这里表明黑格尔并不厌恶感性世界,而认为理性观察的结果是发现自己原来与这个世界是同一的。"因此理性,作为观察的意识,就走向事物,自以为它所认识的事物都是感性的,与我相对的事物"(上卷,第162页)。于是,观察的理性以感性存在作为它观察的对象,它将自然、精神、自然与精神的关系都作为感性的存在来理解。

1. 对无机物的观察

理性观察自然,首先是将对象作为普遍的东西而记住,如"这是桌子",就是将眼前这个东西作为"桌子"记下来,因此,这种观察首先表现为"记忆"。黑格尔说:"所谓记忆,就是将那种在现实里只以个别的形式现成存在着的东西以普遍的形式表述出来。"(上卷,第163页)但是,这个普遍的形式所表述的只是对眼前事物的一种表面描写,并未深入到事物的内部,"这种对于事物的描写,还并不是一种在对象自身里的辩证运动;这运动毋宁只存在于这种描写里"(上卷,第163—164页)。描写在普遍性的表面浮动,使它所能接触到的不过是千变万化的自然界的外部形象,这些形象不断分化瓦解,使人目不暇接。描写沉溺在茫茫的感性的梦幻之中,抓不住那本质的东西的必然联系。因此,观察与描写不能停留在这个界面上,它"通过对于本质的与非本质的这个区别,于是就从感性的茫然无绪中涌现出了概念来"(上卷,第164页)。概念的涌现,表明事物的本质的揭示,普遍形式的表面性的扬弃。于此,理性所抓住的事物的特征"应该是事物赖以将自己从他物中分离出来而成其为自为的存在的东西"(上卷,第165页)。关于事物的概念正是该事物与他物相分离的本质特征的反映。人们对事物的认知活动便与这种特征有本质关系。认知不是一时观感,而是对事物的概念的掌握。事物的本质规定性也与这种特征有关,因为本质规定性正是该事物的概念。这个认知的概念系统是人为系统,它"应该符合于自然的系统,并且只表述自然的系统"(上卷,第165页)。黑格尔这句话按正常的方式理解是非常正确的。概念系统是人们认知自然系统的结果,它们应该符合,而概念系统应该只是表述自然系统的。

只是这种"符合"与"表述"是不大容易讲得清楚的。这是我们认识论上没有彻底解决的问题。主体反映客体的符合程度,主体表述客体的恰当程度,都是值得深入思考的问题。真理的相对性恐怕是基本的,因为完全符合,非常恰当的情况是极少的,甚至可以说是根本达不到的。

不过,理性将事物表述为概念的形式,就说明"理性所构成的对象,在它们自身中都具有一个本质性或一个自为的存在,而不仅仅是此时或此地的偶然"(上卷,第165页)。但是,在观察之中,理性尚未达到自觉状态,它还是本能的,只是率性而行罢了。因此,在观察之中,只能说是概念开始涌现,但概念尚未最终完成。因为只有达到哲学的辩证思维才有真正的概念的出现。

一经概念的光辉的照耀,个体就不像在感性、知性中那样是一个个孤立的彼此不相干的东西了,所谓个体"就是在与其他事物的关系中保持其自身的那种事物"(上卷,第165页)。这个说法是十分有意义的,因为任何所谓个体,如完全脱离一切关系就不能生存,事物是相互依存的。这种个体的相互依存性只有理性才能把握,并以概念表达出来。

所谓理性以概念的方式把握事物,就是抓住那个本质特征,即普遍的规定性。这个普遍的规定性,"乃是对立物的统一,是规定了的东西与自身普遍的东西的统一"(上卷,第166页)。规定性与普遍性的对立,其实就是特殊性与普遍性的对立。特殊性以其独特不二的特征掩盖了普遍性,而普遍性又力图将特殊性显示的差异剥去,将它纳入普遍性。这种相互的争斗,造成一片混乱,从而使观察与描写重新回复到那种无思想的状态。

理性必须摆脱这种矛盾状态,这就要求它扬弃那种知性的规定性,它"勿宁要离开那种看起来保持不变的惰性的规定性,进而在它的真理性中即在它与其反面的关联中对规定性进行观察"(上卷,第166页)。那些静止的、保持不变的、惰性的、……所有这样的规定性的知性特征,是与理性的本能不相容的。理性与知性区分的主要之点在于:知性规定性按其本性来说,"都是返回自身的辩证运动的一些趋向于消失或保持不住的环节"(上卷,第167页)。知性规定性意欲固持其存在,实际上是倏忽即逝的,只是向理性过渡的一个中介。理性真理性则将规定性与其对立面联系起来加以考察,从而扬弃对立、返回自身,达到对事物的真理的掌握。因此,理性所探求的不是孤立静止的规定性,而是扬弃这种规定性,向其反面过渡的规律性。规律性的提出,正是理性本能的要求。

规律及其概念的寻求,当然只能到存在着的现实世界中去。但是,这个世界在理性的本能面前,它的血肉化为乌有,作为规律性它就"变成一些纯粹环节或抽象,因而规律就具有着概念的性质,而概念则是已经把无关重要的感性现实的存在从自身中清除了的"(上卷,第167页)。因此,规律的真理性必须存在于概念之中,否则它就是偶然的,而不是必然的,"因而事实上就不是规律了"(上卷,第167页)。

黑格尔于此所提出的概念,并不是知性的抽象。这种概念"是以事物的和感性存在的方式而呈现着的;只是并不因而丧失其本性,以至堕落为惰性的常住不变或毫不相干的连续出现而已"(上卷,第167页)。显然这样的概念绝不是抽象的知性概念,而是具有现实性的辩证概念,即深藏于感性事物之中而又不丧失真理性本能的具体概念。

理性作为真理的根据,绝不是一种"假设",也不是"应该"。假设与应该的不确定性与主观性是很显然的。黑格尔指出:"理性本能决不让自己受各种假设以及从应该里滋长出来的一切其他非现实的东西所误导,因为理性恰恰就是相信自己具有实在这个确定性,凡对意识来说不是一个自我本质(Selbstwesen)的东西,即是说,凡不自我显现的东西,在意识看来就根本什么也不是。"(上卷,第167—168页)"假设"是有待的,当然不能确证真理;"应该"是主观期待的,也不能确证真理。作为真理的根据的理性,自身确证、自我显现、本身自足、无须外求,此正是其成为真理之所在。黑格尔所分析的这种"理性",如视为客观事物自身之内所蕴藏的规律性,那就对了。

规律必须越过知性分析,才能达到真理。因此,例如类比法一类知性分析方法就不可能达到真理。黑格尔说:"类比法毋宁是不容许据以得出任何结论的一种方法。类比法的结果,归根到底只是或然性,但无论较大的或然性也好,较小的或然性也好,一旦与真理性对待起来看,其大点小点就可说毫无差别了;不管它有多大,只要它是或然性,它与真理性比较起来就算不得什么了。"(上卷,第168页)

类比法一类的形式逻辑方法与一般科学方法是有很大局限性的,它们或限于抽象的僵化形式,或限于经验的或然性,因此,通过这些方法得出的"科学结论"只有相对的意义，有时甚至是完全错误的。但是，也不能对它们一概加以否定，它们作为辩证思维发展过程中的一个特定环节，仍然是有意义的。

黑格尔的高明之处是不把规律看成是纯粹的抽象，他指出："意识经验到规律就是存在，但同样地也经验到规律就是概念，而只在这两种情况相结合时，即既是存在又是概念时，规律对于意识才是真的；规律所以为规律，因为它既显现为现象，同时自身又是概念。"（上卷，第169页）黑格尔对规律的论述是别开生面的。规律首先植根于存在或现象之中，它们的生灭演化过程是规律自身的显现；但是规律又是过程的内在本质与必然性的揭示，是存在或现象之中的恒定的决定的因素。只有这两种情况相结合时，规律才具有真理性。这一思想对我们研究科学规律及哲学原则问题都有很深刻的指导意义。

黑格尔谈到实验问题。照他看来，实验是理性本能论证规律的一种手段。他说："理性本能在做试验的时候，要想发现在什么情况下会发生什么现象，因此从表面上看，好像规律只会因实验而愈来愈深地沉入于感性存在里去；但感性存在毋宁在试验过程中消失了。"（上卷，第169页）实验虽然以感性事物为对象，但它意图论证的是其中所包含的规律性，这就恰好要扬弃那些属于感性外观的东西，从而发现规律的纯粹条件，即"实验是要把规律整个地纯化为概念形式的规律并将规律的环节与特定的存在之间的一切关联完全予以消除而已"（上卷，第169页）。实验从表面上看、从具体操作来看，它与思辨是针锋相对的。其实从其根本目的来看却是相通的。它们都是试图论证那普遍的规律性。所以，"实验的结果就把作为一定物体的属性的那种环节扬弃了，就使宾词从它们的主词那里解放出来了"（上卷，第170页）。实验，使个别物体的属性的感性外观及特殊性消失，从而升华出一般物质概念；换言之，实验使代表一般性的宾词，摆脱了代表个别性的主词，从而获得了独立存在。从此，它不再叫作物体，也不叫作属性，而叫"物质"了。黑格尔指出：酸、碱、电、热、氢、氧，都不叫物体了，它们都是物质。

从物体的个别性到物质的普遍性是一个思想上的飞跃。黑格尔指出："物质不是一种存在着的东西，而是一种象共相那样的存在或象概念之为存在那样的存在。"（上卷，第170页）物质虽然来自感性存在的东西，但业已扬弃了它们的个别性，成了共相、概念，因而它又是非感性的了。因此，物质"可以说是一种非感性的感性存在，一种非物体性的却倒是对象性的存在"（上卷，第170页）。黑格尔关于物质概念的哲学表述，实在是妙极了。

最后，黑格尔归结道：实验工作的目的"就是要从感性的存在中解放出纯粹的规律来，我们看到，规律就是概念，就是寄寓于感性存在之中却又在其中独立自存、自由活动的概念，就是沉浸于感性存在之中而又不受其约束的那种简单的概念"（上卷，第170—171页）。

黑格尔对实证科学的目的与手段所进行的哲学考察，说明他并不排斥客观的感性现象世界，相反，科学规律是不能脱离感性存在的，而科学实验又正是要扬弃感性存在的。这种提法的深刻性在于：它摒弃了常识习见，以为规律是驾临于感性存在之上的纯粹抽象；而实验却是浸沉于感性存在之中的单纯的具体作业。

2. 对有机物的观察

黑格尔以一种特有的方式描述有机物："一种对象，如果在它自身中具有着概念的单一性过程，这样的对象就是有机物。"（上卷，第171页）黑格尔认为有机自然与无机自然是相互联系着的，但是无机自然自由散漫，它们分化为各种元素，虽然也有联系，但又彼此各不相干；而有机自然，则是敞开的，它消融各种元素，使它们"全都在有机的单一的统一性之下联结起来了；……所以说，有机物在它与外物的关联中促持着它自身"（上卷，第171页）。元素在有机体中不是机械的拼合，也不是简单的化学的搀合（Synsomatien），而是在化合的基础上产生一种生理的必然联系，使复多形成不可分割的统一整体。整体的单一性在于其构成因素的独立性的丧失，而有机体的保持与生长却仰赖外物的输入、吸收、消化、排泄。

因此，有机物的保持与生长，无疑是受外界环境所制约的，但是，我们又不能停留在一些表面的外在的联系上。黑格尔认为，北极圈固然与厚毛兽皮有联系，但北极的概念并不包含厚毛兽皮的概念，因为两个经常在一起出现的概念，并不一定有内在的必然的联系。如果把这种外在关系的揭示，也说成是规律，那么这种规律的贫乏性就与有机物的多样性太不相称了，就连这种所谓规律的必然性也不能不是非常肤浅的。

那么，北极圈与厚毛兽皮这一类关系意味着什么呢？它是一种与规律的性质正相反对的关系，"这种关系就是平常所说的目的性的关系"（上卷，第173页）。黑格尔认为，有机物超越了知性必然性，而有了目的性关系，"有机物的本质可以说就包含在目的概念里"，"有机物事实上正就是实在的目的自身"（上卷，第173页）。

目的性是一个十分含混而且有争议的概念。把有机物说成是有目的的，是亚里士多德以来西方流行的说法，现在问题在对"目的"如何解释。我们不要一见到"目的"，就认为是对客观必然性的否认，因而是唯心的；有机物的目的性，实际上是"有机物表明自己是一种保持自身的、返回自身的并且回到了自身的存在"（上卷，第175页）。黑格尔上述的思辨的语言，意在说明有机物的新陈代谢、自我保持、自我调节、自我完善的特征。这些与社会的目的行为是有根本区别的。

这种有机物的"目的性"其实是一种客观适应性，这一点是好理解的。目的性排除了那种无穷无尽的"无限性"，它从那种数学的恶的无限性与僵死的必然性中解放出来，表明有机物不是单纯的"忍受"，而是有所"施为"，即已开始有某种主观能动性了。这种目的性也不绝对地反对无限与必然，它只反对抽象的无限与必然，从而揭示现实的无限与必然。这里重要的是关于起点与终点的看法。自知性的数学的观点看来，首尾两端、反向延伸、永不相见；而自辩证的理性本能看来，起点与终点原来是合一的。

黑格尔说："必然性在发展历程中是隐藏着的，只在终点才显现出来，但这样，正是这个终点，表明必然性也曾经是起点。"（上卷，第174页）事物在其发展过程中，到了终点便意味着自己完全的实现，这就显示了其存在的必然性，但是，在其开始时这种必然性便潜在地存在着，因此，整个过程不过是：从潜在的到现实的展开过程，终点不过是起点的回归。"起点就表明自己是一种以其自身为终点的东西，因此，它作为起点就已经是回到了自身的，或者换句话说，它是自在而自为的。"（上卷，第174页）这就表示一个有机物当其开拓时就潜在地蕴含了以后即将展开的一切，那终点不过是起点的完全的实现。从这个意义上讲，从潜在到现实的过程，就是有机物的目的性。

于是，自我意识的"抽象的灵魂"在有机物中找到了自己的"现实的肉身"。自我意识"发现自己是一种事物，是一个生命"（上卷，第174页）。有机生命，例如动物，它吞噬各种异己的食物，但决不会导致食物在体内的拼凑，"而只生长它自己"，理性的本能与动物的本能相仿，它在其活动过程中"也只能找到它自己"。（上卷，第 174 页）于此，黑格尔含糊地暗示有机物的目的性与理性本能的目的性其实是一致的。因为正是有机物的自身发展，才出现了生命，生命的发展才产生意识、理性的功能，因此，倒可以说，有机物的目的性规定着理性本能的目的性。但黑格尔却认为理性本能乃目的性自身，由于有了理性本能贯注于有机物之中，才有所谓有机物的目的性，这当然是一种颠倒的说法。从此出发，黑格尔认为："我们在这里所见到的目的概念是指事物的内在；而现实则是指事物的外在而言；并且两者构成这样的规定：外在是内在的表现。"（上卷，第 177 页）其实现实的有机物有其自身的内在本质与外在表现，只能在有机物自身中讲它的内外关系问题。理性本能如作为有机物的功能，正是它的现实表现之一。

内外问题在无机物与有机物之间是有不同的。如果说，在无机物领域中，内与外似乎是彼此独立的，特殊物体统率在一个普遍的共相之下，而这个普遍的共相却在这些物体以外，那么，在有机物中，就与此相反，"有机物这一个分不开的整体是内在与外在的内容，是两者的同一基础"（上卷，第 177 页）。既然内与外是同一的，因而，外在只是内在的表现；内在只是外在的根据。于是，在有机物中，内在与外在的对立只有形式的意义。

有机物乃自身目的的体现，这个"自身目的"概念的展开，可区分为三个环节，即感受性、激动性和再生性。黑格尔把这些姑且称之为"单一的有机属性"。他还声明，这些并不是所有的有机物的属性，主要是动物性的有机物的属性。他认为动物是已经充分发展了这些环节的有机物，因此应以动物作为有机物的代表。

a.感受性。"表示的是有机的自身反映这一简单概念，或者说，这个概念的普遍的流动性。"这个感受性当其为外在元素，体现为形体时，它相当于神经系统。有机的自身反映，实际上是外界刺激通过神经的传导从而使主体有所感受。感受性并不是孤立的环节，它有普遍的流动性的特点，即它与激动性、再生性没有分离也不可分离。神经传导贯通于整个肌体之中，它普遍地流动。没有感受性这种普遍的流动性，也就没有激动性与再生性，因而也就没有肌体的生命。

b. 激动性。"乃是在自身反映中同时进行着反应的那种有机的弹性和正与第一种安静的自身存在相反的实现化。就在这种实现化里，抽象的自为存在成为一个为他的存在。"这个激动性相当于肌肉系统。激动性的要义在于：在感受之中做出"反应"，因而它不是静态的被动的单纯感受，而是见诸行动，由内到外、由抽象到现实。当然，感受性是激动性的原因。它们是互为表里的。

c. 再生性。"就是这个整个的反映于自身的、作为自身目的或类属的有机物的这样一种动作，通过它的这种动作或活动，个体从自己本身脱落出来，以便或者产生它的有机部分，或者重复地产生整个的个体。"这个再生性相当于个体保存和种属保存的内脏系统。它无非说明个体的生长与繁殖。黑格尔列举的这些单一的有机属性，其实是很不完全的，而且也是十分表面的。当今生物科学有了长足的进步，相比之下，这些论述似乎是没有多大的科学价值的。（上述三点参见上卷，第 178—181 页）

黑格尔把属于意识形态的三种属性"相当于"三个系统，这种"相当于"只是就形体的特征与功能相比较而言的。但是，自意识之自身发展而言，"感觉系统根本不同于所谓神经系统，激动系统根本不同于肌肉系统，再生系统也与内部生殖器官完全不同"（上卷，第 184 页）。根据形态系统来理解有机物，是解剖学的事情。解剖学的分析，是僵死的、静态的，已不复是有机的生命的东西。而有机物的存在，"只是流行于形态各个部分中的一种运动，在这运动中，被割裂出来被固定为个别系统的都以本质上是流动性的环节而出现"（上卷，第184页）。因此，有机物的存在是整体运动性质的，其中各个部分只能在整体运动中，作为一个不可分割的流动过渡环节才是活生生的，才是有意义的。从整体运动中分离独立的部分就不是有机物而是死物了。

知性思维也力图发现规律，直到它进入到有机物的分析时，"知性在这里已把握到规律思想本身了，因为在此以前，知性只是一般地在寻找规律，浮现在知性面前的是作为一定内容的规律环节，而不是规律这个思想"（上卷，第185页）。

"规律这个思想"指的是作为规律，它的实质、理论内容是一些什么？必然性、能动性、现实性应该是规律的基本特征，它们的综合掌握，是理性的事情。当知性发展到观察的理性时，便接近规律的思想本身了。但这时还只是显示出"规律的萌芽"、"必然的迹象"、"秩序的系列的征兆"、"有趣的表面关系"、"机智的意见"，它似乎接近必然实际上还是偶然，它似乎接近真理实际上还是意见；总之，这些并不是必然性的真理的知识，归根到底讲，是没有什么价值的。

3. 对自我意识及其与现实关系的观察（逻辑规律与心理学规律）

所谓规律思想本身，便涉及对思想本身的规律的考察，于是便从对自然规律的探讨进入逻辑思维规律与心理学规律的探讨了。

黑格尔认为，如果说思维规律居于实在以外，就无异说它没有真理性了。思维规律"虽说不是整个的真理，毕竟还应该说是形式的真理"（上卷，第199页）。由于思维以它自身作为对象，没有客观的知识内容，所以不应该把它视为知识的规律，它不过是一种"认识或思维运动"。相对于知识来讲，它是形式的。但是从思维自身的辩证发展过程而言，这种形式的思维规律不过是一个行将消逝不能持存的个别环节，它最终要过渡到思维运动的整体，这个整体正是知识自身。于此，就形成这样一个辩证过程：知识规律—思维规律—知识自身或思维运动的整体的真理性。因此，辩证思维运动便是上述的第三个环节，它是知识与思维的统一、内容与形式的统一、具体与抽象的统一。辩证思维的整体运动才是真理之所在，这一点正是黑格尔思辨哲学体系的核心。

从认知或思维运动，便被引导去观察思维规律的实在，即去观察行动的意识，从而开辟出一片新的观察园地，即进入心理学领域。心理学考察如何行动以对待现实的问题，它可采取接受现实的态度，"使自己适应于现有的风俗习惯伦理道德以及以精神自身为对象的那些思维方式等等"（上卷，第200页）。这种甘于现状的态度，如现状是合理的，这种态度是严肃的；如现状是不合理的，这种态度是庸俗的。它也可持反对态度，"进行独立思考，根据自己的兴趣情感来挑选其中特别为它自己的东西，使客观事物适应于它自己"（上卷，第201页）。如果是对现状的个别违反，就造成违法乱纪的行为；如果是对现实整体的扬弃，就是另立政权、法制、社会伦理规范。如若现实整体业已丧失了它的历史必然性，这种扬弃便是革命；如若现实整体方兴未艾、前程似锦，这种扬弃便是叛逆。

心理学所揭示的自我意识与现实的关系是外在的，因此，可以说是不相干的。于是要求深入到个体之内进行观察。

个体的成长、他的心理习惯、道德素养、情趣爱好的养成，与他所面对的环境、形势、风俗、伦常、宗教等有关，"特定的个体就要根据这些情况才可理解"（上卷，第202页）。但是这些外在的条件，并无客观必然性，因而从根本上讲是不相干的，于是不得不"观察现实个体自己的规定性"（上卷，第204页）。这个"个体自身以内就出现了对立，它既是意识的运动，又是一种显现为现象的固定的现实存在"（上卷，第204页）。个体是精神与身体的统一。这两个方面相结合才能成为一个有机个体，因为没有精神的物体只是无机的自然物。

意识的运动又如何显现为现象的固定的现实存在呢？简单说，这就是精神如何透过身体表达于外以至转化为外物的问题。黑格尔于此谈到了劳动与语言的特征与作用问题。语言乃意识的表达，而劳动乃意识的行为。黑格尔把它们看成是意识的外化，"语言和劳动都是外在的东西，在这种外在的东西里，个体不再保持它的内在于其自身，而毋宁是让内在完全走出自身以外，使之委身于外物"（上卷，第206页）。作为意识精神是内在于身体之中的，不借助声音与动作，它就不但表现不出来，而且也不能发挥作用。

黑格尔特别重视语言器官和劳动器官的作用。劳动器官主要是"手"。他说："除语言器官以外，手是人类最多地用以显现和实现其自身的一个器官。它是人创造自己的幸福的一个被赋予灵感的创造者；我们可以说，它就是人的行动的结果。"（上卷，第208页）黑格尔这些思想对马克思、恩格斯都是有深远影响的。

口与手、语言和劳动，成了人类精神的客观表现者。黑格尔指出："手上的简单特征、声调和音量等语言上的个人特点，以及文字方面个人字体或笔迹的特点（文字是语言通过手比通过声音而获得的一种更为固定的存在），——所有的这一切，都是内在的一种表示，而这种表示作为单一的外在性，又与行为和命运的复多的外在性相对立，把复多的外在性当作外在，而自己则以内在自居。"（上卷，第209页）语言文字的特点可以透露一个人的精神性格的特点，于是语言文字就成为精神性格这种内在的东西的"单一的外在性"，而它自己又以内在自居，将它的行为与际遇当作自己的外在表现。

比如真诚与否是内在于心的，但"可以根据一个人的面部，看他所说的或所做的究竟是否出于他的真诚"（上卷，第210页）。黑格尔深刻指出："人的真正的存在是他的行为"（上卷，第213页），因此，"对于有理性的人，要紧的不是言词而是事实"（上卷，第218页）。

黑格尔强调意识不能停留在抽象的知性分析上，而应转向行为和事实，这就表明了黑格尔的思辨哲学内部深藏的现实性因素。理性转向行为和事实，这就是理性的实践。只有通过理性的实践才能达到真理。而真理表现为范畴，因为只有范畴才是具有理性的。什么是范畴呢？"范畴是存在与'自我'（Sein und Seinen）的直接的统一体。"（上卷，第230页）所以范畴既不是存在的单纯抽象，又不是自我固有的模式，而是二者的统一。这种主客统一的设想是黑格尔思想中极为高明之处。

三、理性的自我意识的实现

理性的自身的活动，就意味着理性的自我意识的实现。理性并不单纯是头脑里的抽象空洞的东西，也不仅仅是一种主观认识的能力，它必须托庇于外物而使自己见诸"行动"。什么叫作行动呢？黑格尔说："行动自身不是别的，正就是否定性。"（上卷，第263页）可见否定性并不是思维自身所固有的先验要素，相反，它正是客观行动的抽象。因此，否定性只是在存在中的规定性。我们撇开黑格尔关于"存在"的思辨规定，如实地将存在视为客观世界的概括，那么否定性便是客观世界所固有的内在实质。它就是客观世界的恒变性与运动的特征的哲学表述。因此，黑格尔指出：否定性"就是显现为运动的那种东西"（上卷，第262页）。

理性以否定性作为其本质，以行动作为其现实内容。关于理性的这样的规定是十分杰出的，仅此一点就使黑格尔超过西欧所有的他的先辈哲学家。

1. 行动的理性（礼俗伦常）

这种以行动作为其现实内容的理性，黑格尔将其称为"行动的理性"。行动的理性必须与别的个体相关，并在相关之中实现自己，"即指它在另一意识的独立性中直观自己与这另一意识的完全统一"（上卷，第234页）。这就是说，个体必须与他物相关，在仿佛独立于它自己之外的另一个体之中，看到它原来与另一个体是完全统一的，即我在你之中看到我自己，你在我之中看到你自己；于是众多的个体便融合为一体了。这个一体化的众多个体就是一个"民族"。民族之成为一个整体，就是自我意识的现实化。把它凝固成一个现实的整体的就是一个民族共同信守的"礼俗伦常"。理性的自我意识，只有"在一个民族的生活里才找得到它的完成了的实在"（上卷，第234页）。于此，黑格尔的那个虚无缥缈的"理性的自我意识"便在世俗社会中投胎化生为民族。民族的整体性在于其礼俗伦常的统一性。民族之中的个体的现实性，"得力于整个民族的力量"。一个民族的兴衰与其成员的命运是息息相关的，真可以说是"荣辱与共"。"一个个体所做的，就是一切个体的普遍的共同的技巧与伦常。"（上卷，第234页）"个体满足它自己的需要的劳动，既是它自己的需要的满足，同样也是对其他个体的需要的一个满足，并且一个个体要满足它的需要，就只能通过别的个体的劳动才能达到满足的目的。"（上卷，第234页）因此，每一个个体，首先必须要对整体做出奉献之后，才谈得上个体自身需求的满足。如果人人只向社会索取而不愿做任何贡献，那么又从何索取呢？所以，社会民族作为一个整体"就变成了他为其献身的事业的整体，并且恰恰由于他这样献出其自身，他才从这个整体中复得其自身。"（上卷，第234页）黑格尔对整体与个体的关系的论述迄今仍有其现实的意义。

一个置社会民族整体的需要与利益于度外的人，他在整体之中是没有任何地位的。他索取愈多，他自身存在的价值就丧失愈多，最终以各种不同形式导致自己彻底的毁灭。而那些公而忘私，无条件地为整体做出竭其所有的奉献的人，他们好像全然不顾及自己，但他们恰好从这个整体中复得其自身。例如在一个民族处于存亡绝续之秋而英勇献身的民族英雄是永存的。那些为人类的文化科学的发展做出卓越贡献的人也是永存的。当然人的力量有大小，奉献也有大小，但是只要是为整体赤诚献身的人都是永垂不朽的。

构成民族精神的核心的是伦常与法律。这个"伦常和法律的整体就是一个特定的伦理实体"（上卷，第236页）。伦常一般指约定俗成的个体共同信守的行动规范，法律则是规范根据社会的演进变成了个体不得不遵行的律令。没有这些，社会民族就不可能生存下去。因此，要求"个体不仅认识法律，知道法律就是它自己的普遍的客观事物性，而且同样也在事物性中认识它自己"（上卷，第235页）。这就是要求个体自觉守法，认识到法律正是自己生存的保障。于是，我与民族便完全融洽、相得无间了。这时，我便"直观到，他们为我，我为他们"（上卷，第235页）。在一个具备着这样一种风格的民族里，"理性因而就得到了实现"（上卷，第235页）。理性是从两个方面实现的，即智慧与德行。它们绝不是抽象的，黑格尔引用古代哲人的格言说："智慧与德行，在于生活合乎自己民族的伦常礼俗。"（上卷，第235页）

2. 幸运与德行

合乎自己民族的伦常礼俗，也就是自我意识达到了伦理实体、民族精神的高度。黑格尔指出，这就是"幸运"。幸运是智慧与德行的集中表现。德行是合乎理性的明智行为，它自身之中包含着智慧的种子。德行之所以为"善"主要在于其行为不是盲目的、悖乎常理的。因此，幸福的获得关键在于德行修养。这就涉及道德修养问题。黑格尔认为，"所谓道德，乃是一种比伦常更高的意识形态"（上卷，第238页）。道德之所以更高，在于它已完全不是一种外在的规范，而是自觉为善，身体力行。"只有通过对个别本质的牺牲，善才能得到实行，而自我意识于是变成德行。德行所取得的经验，只能使它认识到：它的目的本来就已经是实行了的，快乐直接就在行动本身以内，而行动本身就是善。"（上卷，第239页）因此，道德修养表现为德行，即一个人必须自觉排除那些不合乎自己民族的伦常礼俗的欲念，克制自己，一心为善，那么，他的行动本身就是善，而且其中蕴含着快乐。这就是说，当自我意识的行动达到了目的，而且经验到了目的的真理性，于是它就"享受了快乐"，"享受过了的快乐固然具有肯定意义，即，它自己成了客观的自我意识，但也同样具有否定意义，即，它已扬弃了它自己"。（上卷，第241页）人在自我享受时意识到自己的客观存在，同时又因享受达到了需求的满足，欲望因得到满足而消失，也就扬弃了它自己。

然而现实的必然性并不总是与个体性协调的，于是必然性压制着个体性，"在强制性的世界秩序下的人类，人类不是遵守着内心的规律，而是屈服于一个外来的必然性的"（上卷，第244页）。这种屈服，如果处于主客对立状态，那将是很痛苦的。因此，人必须放弃个别快乐的追求，而应该庄严诚挚地去追求一种高尚的目的，从而"它在展示它自己的高贵本质和创造人类福利中寻找它的快乐。个体性所实现了的东西本身就是规律，因而它的快乐同时也是一切人心的普遍的快乐"（上卷，第245页）。个人不能单纯追求纯属个体需求的满足，现实有时不但不能满足个人的要求，相反要压抑这种要求。那么，如何自处呢？一个人要自己认识到个人的某些需求并不合乎整体的需要，因而勇于做出自我牺牲，而以创造人类福利为己志，这样，自己便与民族整体一致了，从而与他人共享快乐。这样一些说法，可见黑格尔与西方一些利己主义者是有原则区别的。从抽象的角度而言，我们也是可以接受这些原则的。

要做到上述各点，就要求进行德行的修养，即对个体进行真与善的训练以约束个人的私心。但是世界上的事情并不是那样简单的，幸运与德行并不总是相应的。个体的行动与现实之间，往往有偶然的非料所及的情况出现。德行的后果对于个体未必都是幸运的，相反，"一个决定坏了的目的和选择坏了的手段，固然可以招致不幸，也同样可以遇到幸运"（上卷，第 270 页）。

3. 国家的有理智的普遍善行

个人的操守固然重要，但很难左右社会的风气。善行恶报、恶行善果的情况比比皆是，谁能扫尽这种人间的不平？古今中外的一些仁人志士为此奋斗终生，也难尽如人意，因此，道德修养虽说高于伦常制约，但它顶多只能达到独善其身，实难兼善天下。

黑格尔于此设想存在一个客观的伦理实体，不待言，这个实体又是自我意识的表现。这点且不管它，他想在瞬息万变的感性世界之中寻求一个"在一切情况下都坚持其自身并令人感觉到它是独立不改的持存的东西，它完全不受事情的影响，即是说，它与个体行动本身的偶然性以及环境、手段和现实的偶然性没有关系"（上卷，第 272 页）。这就是说，他想寻求一个处世的根本原则与行动方针，我想这是完全必要的，否则一个社会势将土崩瓦解，一天也存在不下去。

这个原则与方针，黑格尔称之为"事情自身"，"它作为现实性与个体性的渗透者乃是这些环节的统一体"。这个统一体，首先表现为行动，又表现为环节的推移与过渡，最终表现为"一个现存于意识面前的现实"（上卷，第272页）。

但是，事情自身还没有完全达到客观实体性的高度，因为它只是"为个体性渗透了的实体；它就是主体，在这种主体中个体性既是作为它自己，换句话说作为某个特定的个体，又是作为一切的个体"（上卷，第278页）。因此，事情自身乃是一个普遍的自我。

普遍的自我表明主体性的客观性，还不是一个真正的客观的伦理实体。意识必须摆脱普遍与个别、目的及其实现等对立的困扰，达到自我意识的现实和行动，这个现实和行动就是伦理的实体。

伦理实体的建立就有了一个对错善恶的标准。这个标准植根于伦理实体的健康的理性的本质。"健康的理性直接知道什么是对的和什么是好的。健康的理性是直接知道规律，同样，规律对健康的理性也是直接有效准，理性直接地说：这个是对的和好的。而且它所着重说出的是：这；这是指那些特定的规律，这是指充满了内容的事情自身。"（上卷，第280页）如果说伦常礼俗的法律的整体是"伦理实体"的特定内容，那么，健康的理性就是它的内在本质。伦常礼俗、道德法律的对错好坏可由理性直接判断，即对主体及其行动的规律做出评价。于是伦理实体必须排除偶然的感情因素，坚持理智的本质的善行，它才能作为评价一切的标准。

黑格尔指出：这种"理智的、本质的善行，在它最丰富和最重要的形式下，乃是国家的有理智的普遍善行；与国家的这种普遍行动比较起来，一个个别人的个别行动根本就显得渺乎其小，微不足道。而国家的行动则具有极其巨大的威力，一旦个人的行动跟它发生抵触，那么无论是由于自己有所贪图而径直地违法乱纪，或者是为了偏爱于某人而想对法权的普遍性以及法权加之于那个人的义务进行欺骗,这种行动就一定无用并且不可抗拒地被它摧毁"(上卷,第282页)。

黑格尔看到了国家这样一种社会组织的绝对权威性,并进而论证了它的统治的合理性与至善性。于是国家就成了现实的"伦理实体",然而国家是通过阶级的政治代表人物来实现其统治的。圣君贤相历来是寥寥无几的,而暴君佞臣却不胜枚举。于是,事情竟变成这样:一个人或少数人的意志强加于众人之上,国家的有理智的普遍善行不见了,而个人特权与少数人的贪欲横行。苛政猛如虎!以剥削阶级专政为核心的国家岂能寄予厚望?只有展望将来,共产主义社会或可达到社会整体的有理智的普遍善行。

当黑格尔论及行动的理性时,已开始从科学、逻辑、认识论的领域转向社会历史领域了。举凡伦理、道德、政治、法律等问题是他在"精神"等篇章中全面展开论述的,此处的论述不过是从纯粹的意识到实践的意识的过渡罢了。所谓实践的意识,就是"想意识到它自己的现实与客观世界的这个统一"(上卷,第237页)。且看他下面如何达到这个统一吧!

第五章　精神

一、从理性向精神过渡

理性是单纯意识发展的顶点，照我们看，它是人类认识能力发展的高峰，是人类长期生长发育并在客观条件影响下逐步形成的。黑格尔却认为理性是超人世的，当它下降尘寰与这个世界合一时，它便成了精神。拿黑格尔的话来讲："理性已意识到它的自身即是它的世界、它的世界即是它的自身时，理性就成了精神。"（下卷，第1页）

1. 理性的外化

黑格尔反复强调的一点是：理性的本性与知性的差别便在于它不是空洞的、抽象的、脱离存在的，它并不高踞于这个世界之上，它自身与这个世界原来是同一的。这个想法是对柏拉图思想的扬弃，吸收了亚里士多德的想法却背弃了他的唯物的倾向。但是正由于他突出了理性与实在的同一性，虽说"实在"在黑格尔哲学里只是意识自身发展中的一个环节，因而与我们讲的客观实在根本不同，不过他既然讲到了实在、讲到了我们生存于其中的这个世界，就不可避免地要涉及这个世界的现实内容，于是，在这个"理性即实在"

的命题中，仍然包含了唯物的因素。这一点值得特别注意，恩格斯便早已看出了，而且在《路德维希·费尔巴哈和德国古典哲学的终结》中做了详细的论述。

理性的深刻的内容也是逐步展开的，当其处于纯粹阶段时，尚属于本能与无意识状态。黑格尔说："理性的观察，真正说来与其说是在从事发现，倒不如说是在扬弃直接发现其对象的这种本能，扬弃观察理性的这种无意识状态。"（下卷，第1页）因为观察理性只表现了理性向外追索的一种本能，还未充分发挥其向自身回归认识自己以及能动性等特征。观察理性必须向行动理性、具体理性过渡，必须从纯粹状态进入实践状态；只有进入这一阶段才算达到了理性自身发展的真理性阶段。这个阶段，理性外化为、对象化为精神，从而形成人类的精神世界。

人类精神世界并不是主观虚构的东西，它是人类社会的一个重要组成部分。人类社会的构成、维持与发展，必须有共同的行动规范，这些规范就是伦常礼俗与政治法律，它们是建立人类社会决定性的因素。这些东西是理性对象化的结果，是一种精神性的东西，它们就构成"伦理实体"。

伦常礼俗与政治法律同属人类社会行为规范，本质上是完全一致的。只当人类社会出现了剥削，建立了国家政权机构，伦理才变成舆论性的，政治法律是伦理规范中分化出来作为统治者的强制性工具的。伦理与政法在现实生活中也是可以相互转化的，它们的社会功能是一致的，即都以维护现存制度为目的。

2. 精神的自在状态与自为状态

黑格尔认为"以前的一切意识形态都是精神的抽象物"（下卷，第3页）。它们曾是意识、自我意识和理性。a. 当精神停留在客观存在状态时,"精神就是本身包含着感觉确定性、知觉和知性的一般意识"。b. 当精神进入意识的反思时,"精神就是自我意识"。c. 当精神作为意识与自我意识的统一体时,"精神就是具有理性的意识"。d. 当精神作为存在着的理性时,"精神就达到了它的真理性:它即是精神,它即是现实的、伦理的本质"。(下卷,第3—4页)

在前面三个环节中所出现的一切意识形态,如脱离精神整体的发展过程,则都是精神的抽象物。当精神停留在一般意识这个环节,它处于自在状态;当精神停留在自我意识这一个环节,它处于从自在到自为的过渡;当精神停留在具有理性意识这一环节,它处于自在与自为统一的状态。这些状态总的讲还是精神的抽象物,精神的纯粹意识状态。

只有理性达到与存在的统一时,精神才真正成其为精神,达到它自身的真理性阶段。这时精神就成了现实。

3. 精神如何成为现实

当精神达到了它自身的真理性阶段,即客观状态时,它就是一个民族的伦理生活。关于一个民族的伦理生活的逻辑顺序,是从伦理、法律到道德的演进过程;而它的历史顺序却是不同民族国家的一个历史截面的拼凑,这里恰好透露了以后黑格尔的《历史哲学》的脉络。这种拼凑当然是不科学的,但是对某一个民族国家,它的历史行程中某一阶段的发展,较其他民族国家相应阶段却是完备的、典型的,这种抽样突出加以分析仍然是很有意义的。

黑格尔关于精神的思辨论述的历史背景是:从古希腊到法国革命。

在古希腊城邦,人伦关系初步建立,以家庭、家族为主体的民族伦理生活是十分典型的。亚里士多德谈到政治时,主要是指社会道德。他把政治作为生活与行为的艺术,也就是关于社会道德的艺术。道德品质主要取决于人的性格和行动。因此,亚里士多德心目中的政治学主要是伦理学,这种想法与古希腊城邦政治的实际情况是符合的。(参见亚里士多德《诗学》,第23、92页)因此,古希腊城邦的社会个体性、民族伦理性是十分重要的特征。罗马帝国的建立破坏了这种淳朴的关系,国家政权初步确立,于是民族从伦理生活进入到国家法制生活,个体与国家政权的对立是明显的,社会的统一不得不求助于强制性的政治与法律措施。这时,政治明显地与伦理有所区别了。如果说黑格尔所向往的古希腊城邦是一个美好的伦理世界,那么,进入古罗马帝国,"伦理就在法权的形式普遍性中沉沦了"(下卷,第4页)。最后,历史进入英法革命诸民族国家形成时代,人性的觉醒,启蒙运动的展开,个人识见的传播,文化科学的繁荣,从而达到道德修养的提高,产生了对自身的确信,即一切诉诸良心,而良心"就是对它自己有了确信的精神"(上卷,第5页)。

伦理的、法律的、道德的,都是精神的个别形态,它们的前进运动所要达到的目标和结果,"将是出现绝对精神的现实自我意识"(下卷,第5页)。这一步达到,就是黑格尔所热衷歌颂的普鲁士王国。这一切的设想,既是思辨的自由创造,也是历史的虚构。

虽说这些都是黑格尔的自由创造与虚构,但却透露了他歌颂启蒙运动与法国大革命的真情。启蒙谈何容易?人如不从宗教神权与封建特权中解放出来,深刻意识到这个社会是我们的,非少数人可得而私的,就根本谈不上共产主义。资产阶级的人文主义世界观是有其历史与阶级局限性的,但它在反对宗教神权与封建特权的斗争中,应该讲还是真诚的,只是其后果不可取,它以经济财产权代替了神权与特权。资产阶级的先进分子提倡人权的高尚的激情为资产阶级庸人的拜金主义所取代。共产主义者首先要提倡人权,坚决反对将人类变成上帝与暴君的牛马；但又不执着个人的孤独自在性，认为个人只有融入整体之中才能永生。这种认识的形成，必须从启蒙，即我之自觉，到奉献，即我之消融。这种不事索取专事奉献的精神正是共产主义精神。黑格尔似乎从思辨的道路浮光掠影地接触到了这类问题，应该讲多多少少还是有一点积极意义的。

二、真实的精神——伦理

伦理是真实的精神（der wahre Geist），也就是客观的精神。伦理实体在其自身的运动过程中，由于其自身中自行分裂的本性，使其分裂为不同方面的伦理本质，即"它分裂为一种人的规律和一种神的规律"（下卷，第5页）。

1.关于人的规律与神的规律

黑格尔于此提出的神人问题是别有用意的。他所谓的"人的规律"，实际上是指人与人之间的关系，即一种社会政治关系，这种关系是任何个体都不能摆脱的。所谓"神的规律"，实际所指的是世系的更迭律，即人的家族血缘关系。黑格尔为什么把这个叫作神的规律呢？也许是因为血缘关系是天生的非人力所能左右的吧！

a.关于人的规律涉及个人与社会及政府的关系。与个人或个体相对立的是"共体"（Gemeinwesen），共体是具有公共本质的社会集体。黑格尔说：这个共体或公共本质，"它是自为的，因为它保持其自身于作为其成员的那些个体的反思之中，它又是自在的，或者说它又是实体，因为它在本身内包含着这些个体。作为现实的实体，这种精神是一个民族，作为现实的意识，它是民族的公民"（下卷，第7页）。一个民族作为一个现实的实体，绝不能凌驾于其组成的个体之上，而应存在于每一个个体确认自己是这一民族的成员的反思之中，如果人心涣散，没有任何民族意识，甚至以贬损自己的民族、甘为异族为荣，这个民族必然解体。一个民族中的个体，当它意识到它与共体、公共本质原来是完全一致的，个体就是民族的公民。公民的意识是十分重要的，个体如不能成为一个公民，与它的共体、民族貌合神离、同床异梦，甚至攻讦诋毁自己的民族，那它就不能为共体、民族所容而成为一个游离分子或叛逆者。旧社会的洋奴买办就属于这一类，这些"人"虽说也叫作人，但已不是民族的公民而是民族的败类。

黑格尔将社会、民族精神化，这种唯心的出发点当然是不对的，不过他突出个体与社会民族的一致性，这是很有见地的。社会民族的实体性寓于个体成员的自觉皈依之中；而个体成员的自主性却有赖于整个社会民族的繁荣与强大。它们确实是相依为命的。

从"社会—民族—公民"的顺演，是黑格尔唯心的社会构成的公式，实际上这一过程的"反演"才是客观的。作为公民的个体，通过历史的长期发展，结集为民族；民族又经过种种偶然的与必然的联系，组合为社会。而社会整体性的形成与巩固，黑格尔认为"在普遍性的形式下，它是众所熟知的规律和现成存在的伦常习俗，在个别性的形式下，它是一般的个体对其自身所具有的现实确定性"（下卷，第7页）。这就是黑格尔所谓的人的规律，亦即社会政治原则。将社会的伦常习俗与个人在社会之中的确定身份提到原则规律的高度，是极其表面的。其实这些东西的形成与确定，还有更深刻的经济的与政治的原因，关于原因的分析，在历史唯物主义中已成为常识了。

精神进一步具体化，形成一个外在的实质性机构，这就是政府。政府是维系社会的实力机关，"它的真理性在于它的公开明显的有目共睹的有效准性［或权威性］；它是这样一种实际存在（Existenz）：对于直接确定性来说，它是以一种不受约束的独立自由的特定存在（Dasein）的形式出现的"（下卷，第7页）。不管你喜欢不喜欢，政府的存在是不可缺少的。你只能希望有一个顺应民情、办事公道、廉洁奉公的政府；不要一个奢侈腐化、暴戾恣睢、损公自肥的政府。政府的统治依据是法令，法令一般讲要适应民族的伦常习俗。于是某些自发产生的伦常习俗就变成了君临于社会成员之上的法律与命令。它的权威性既维护着社会整体的生存，又窒息了个体的发展。因此，如何调处国家与个人的关系，既使国家长治久安，又使个人心情舒畅，这是政治家必须认真研究的问题。

b. 关于神的规律的问题涉及个体与家庭及家族的关系。以个体之间的血缘关系组成的家庭、家族与民族、国家是相对立的。家庭与家族是一种天然的伦理共体。家庭成员之间的感情关系或爱的关系似乎成了他们之间天然联系的纽带，但是随着家庭的扩大、家族的发展，这种天然纽带的维系力量便日渐松弛了。感情、爱并不起什么重大作用，还是得服从民族公认的伦理规范与国家颁布的法律命令。家庭作为个别的自为存在是与国家权力相敌对的势力。（参见下卷，第8页）这也就是"家庭的守护神与普遍精神相对立"（下卷，第8页）。但是这种对立并不是势均力敌的，家庭必须从属于社会国家，家庭成员之间以及成员与家庭之间的关系只能是社会民族的缩影。"个别的家庭成员对其作为实体的家庭整体之间的关系"，绝不是感情的与爱的关系，而是伦理的关系。君要臣死不得不死，父要子亡不得不亡，封建国家君臣隶属关系和家庭父子隶属关系完全是一致的。只有在这个社会伦理的前提下，"个别家庭成员的行动和现实才能以家庭为其目的和内容"（下卷，第9页）。所以无论是封建大家庭或者是资产阶级小家庭，都有其特定的社会伦理内容。家庭整体与社会整体固然是一致的,但家庭相对于社会而言,仍然是个别的。个别与整体之间仍然存在各种矛盾,如何保持家庭与社会的平衡,仍然是一个有待解决的政治问题。例如,抗日救亡,毁家纾难,义无反顾;刮民政府,倾家荡产,群起反抗。所以,如何将家庭与国家之间的关系处理得恰如其分是"政治艺术"的一大课题。

问题的核心是"权力与财富",这个问题首先与家庭成员的个人欲望以及如何才能达到欲望的满足相关,但并不停留在这一点上,它已越出满足家庭需要的范围,而属于社会共体了。黑格尔指出:"权力和财富的追求和保持,从一方面说,仅在于满足需要,仅只是欲望以内的事情,从另一方面说,在它们的较高的规定中它们就成了某种仅属过渡的仅有中介意义的东西。"(下卷,第9页)这就是说,财富与权力的掌握,转移到国家,因此这种较高的规定"勿宁对家庭是一否定作用"(下卷,第9页)。家庭成员的天然性与个别性受到抑制,他必须克尽义务,仰赖国家而生活。

国家一旦形成就变成了至高无上的东西,人类社会的全部活动,都直接间接环绕财富与权力而进行。在这个问题上,任何的"清高"态度都只是一种天真与虚矫。现在问题仅仅在于"使谁致富?为谁掌权?"。真正的伟大的无产阶级政治家是为人民掌权,使人民致富。他一切都为社会整体着想,具有为事业而献身的精神。如果窃权自肥,那就是剥削阶级的政客了。

黑格尔特别强调个体应具有公民意识,"因为一个人只作为公民才是现实的和有实体的,所以如果他不是一个公民而是属于家庭的,他就仅只是一个非现实的无实体的阴影"(下卷,第10页)。黑格尔认为一个人活着的时候主要应为国家效劳,强调个人、家庭必须服从社会国家整体,一般讲,这也是对的。但应具体分析你生存于其中的是一个什么样的国家、有一个什么样的政府,不能盲目效劳。

黑格尔还有一个特别的想法：一个人生前属于社会、死后属于家庭。"死亡是个体的完成，是个体作为个体所能为共体［或社会］进行的最高劳动。"（下卷，第10页）即所谓鞠躬尽瘁，死而后已。这里，黑格尔着重指出的是：要求一个人终身为社会劳动做出贡献，"如果他的死亡是他的劳动的结果，那么死亡就是自然的否定性"（下卷，第11页）。个体的死亡，他本身没有任何的安慰，一种外在的物质力量比死者更加强有力，他不能不被迫进行无生命无意识的物质转化。死者只能"借助于一种现实的和外在的行为才能得到一点慰藉"（下卷，第11页）。这个行动只有依靠死者的家庭。家庭将这种自然的否定性赋予精神的意义。"死者屈从和受制于无意识的欲望和抽象本质的行动，家庭则使死者免受这种屈辱性行动的支配，而以它自己的行动来取代这种行动，把亲属嫁给永不消逝的基本的或天然的个体性，安排到大地的怀抱里；家庭就是这样使死了的亲属成为一个共体的一名成员"（下卷，第11—12页）。这样一来，便在血缘关系中添加了意识精神运动。于是，"毫无力量的和个别的纯粹的个别性也就上升为普遍的个体性"（下卷，第11页）。血亲的颂扬、凭吊、安置，就使得死者在精神上永垂不朽了。

c. 两种规律的运动。政府在社会中的突出地位前面已有所论述。它在政治关系与血缘关系之间起着协调作用。在社会共体中，政府是"它们的固有生命之所在"（下卷，第12页）。精神也因政府的建立而有了特定的存在。但是，这个政治关系集中表现的政府，它之所以成为特定存在，却以家庭为其元素。可见政府是建立在血缘家庭基础之上的。因此，政府既要维护社会整体的平衡，又不能丧失它的家庭基础。协调平衡，安定和谐，首先有其肯定的一面，但也有其否定的一面。那就是说，长此以往，制度趋于僵化而无活力，社会在"歌舞升平"中，腐化、堕落。政府又要设法打破平衡，进行改革，改革是一场不流血的斗争。黑格尔却迷信战争对社会有起死回生的力量，他说："为了不让这些制度根深蒂固地这样孤立下去，不让它们因孤立而瓦解整体，涣散精神，政府不得不每隔一定时期利用战争从内部来震动它们，打乱它们已经建立起来的秩序，剥夺他们的独立权利；对于个人，则要求他们为战争而献身。"（下卷，第13页）因此，战争作为一种否定性力量，促进社会打破因循保守，不断前进。所以，黑格尔说："否定性本质表明自己是共体或社团所固有的权力和它赖以自我保存的力量。"（下卷，第13页）

是否必须发动一场战争来打破社会停滞不前的局面，这是一个现实的政治问题，可留待政治家、军事家去讨论。从哲学上讲，我们姑且把"战争"视为否定性的代表。任何事物如果不具备否定其自身的因素，那么它就是僵死的。国家政府也是一样，它自身必须具备自我更新的否定性本质。我认为这个否定因素不一定就是战争，当然战争也并非绝对坏的事情。"多难兴邦！"旧中国的腐化停滞僵死的局面是被战争扫荡掉的。但是，国家政府自身具备的否定因素还有别的东西，比如说，群众的批评、监督、揭发、罢免，如果能够在政治生活中，真正成为一种决定性的批判的革命的力量，它是可以有效地遏制腐化，使社会不断更新的。

在血缘关系即世系更迭的关系中，夫妻、父母、兄弟姐妹三种关系是最基本的。这些关系是社会伦理研究的主要内容。

夫妻关系"是一个意识承认自己即在另一个意识之中的直接的自我认识和对这种相互承认的认识"（下卷，第13页）。夫妻各在其对方之中认识自己，从而达到相互承认，心心相印。夫妻关系首先是一种自然的关系，之所以是自然的，可以理解为这种关系是基于性爱的，即所谓"一夜夫妻百日恩"。正因为这种关系还是自然的需求，因此尚未达到精神的高度，而只是精神的意象或表象。它必须在一个他物中得到它的现实,即"在子女中得到它的现实;子女是一种他物,夫妻关系本身就是这种他物的形成,并在此他物的形成中归于消逝"(上卷,第14页)。意象或表象的扬弃便达到了现实,夫妻关系的扬弃便得到了子女。子女长大成人,父母便归于消逝,如此循环往复,便是世代交替。"这种生成消逝世代交替,也并非没有它的持续存在,它的持续存在就是民族。"(下卷,第14页)即将消逝的东西意味着日益丧失其存在的必然性的东西,因而虽然它尚存在着,但已没有现实性了。刚刚发育生长的东西,由于其方兴未艾,来日方长,尽管它可能尚不够成熟,但却是现实的。"因此,夫与妻的相互怜爱(Pietät)混杂着有自然的联系和情感,而且夫妻关系的自我返回并不实现于其自身。"(下卷,第14页)这就是说,两性结合迟早自身归于消逝,只能在子女之中实现自己的继续存在,在世代更替中,在民族之中实现自己的继续存在。

其次是父母子女的关系。父母子女之间的感情,表现在伦理上便是"父慈子孝"。父母对子女的慈爱,基于他们认识到自己在子女成长中成为现实,而且永远成为一个独立的现实,不会因自己的死亡而消逝。子女对父母的孝敬,基于他们认识到他们的成长是以父母的自我牺牲为前提,他们从父母那里分离出来以后,父母就趋于枯萎。(参见下卷,第14页)因此,这种"父慈子孝"的伦常规范的形成实在有其客观的根据。

第三是兄弟姐妹的关系。他们一母所生,同出于一个血缘,但是彼此并不互相混杂。他们没有夫妻之间那样的互相欲求,彼此不靠,"彼此各是一个自由的个体性"(下卷,第14页)。

女性作为家庭的成员,当她作为母亲和妻子时,其伦理关系中掺杂着属于快感的某种自然因素。"但是弟兄,对姐妹说来,则是一种宁静的等同的一般本质,姐妹对他们的承认是纯粹伦理的,不混杂有自然的［快感的］关系"，"因为它是与血缘上的平衡和彼此无所欲求相联结着的"（下卷，第15页）。索福克勒斯说："一个丈夫死了，可以另嫁一个，一个儿子死了，别人能让我再生第二个，但我不能希望再有一个弟兄降生人世。"（下卷，第16页），因此，弟兄的丧亡，对于姐妹来说是无可弥补的损失。

男女两性的自然本质，在伦理实体中被克服了，表现为不同的伦理性质。男性抛弃了家庭面向社会；女性则成了家庭守护神（Penaten），变成了家庭的主宰和神圣规律的维护人。

神的规律与人的规律并不是互相隔绝的，而是互相过渡的。两种规律单独都不是自足的，"人的规律，当其进行活动时，是从神的规律出发的，有效于地上的是从有效于地下的出发的，有意识的是从无意识的出发的，间接的是从直接的出发的，而且它最后还同样要返回于其原出发地"（下卷，第17页）。个体自然地出生，然后进入伦理体系之中成为公民，最后个体又自然地死亡。于是就形成这样一个辩证公式：

"神—人—神"；

"自然—伦理—自然"；

"家庭—社会—家庭"。

d. 伦理世界。黑格尔认为"伦理王国在它的持续存在里就始终是一个无瑕疵、无分裂而完美纯一的世界"（下卷，第19页）。这个伦理王国作为一个整体，"以民族和家庭为其普遍现实，但以男人和女人为其天然的自我和能动的个体性"（下卷，第17页）。"男性与女性的联合统一，构成着整体的活动中项，并且构成着虽然分裂为神的规律和人的规律这两个端项而同时却又是它们两者的直接统一的那种原素。"（下卷，第19—20页）

这个神人统一、自然与伦理的统一、家庭与社会的统一、男性与女性的统一所构成的伦理世界的整体"是所有部分的一个稳定的平衡",其中每一部分都是本身自足的并与整体保持平衡。因此,这种平衡"是有生命的平衡",它的生命表现在于"它里面一方面产生着不平等而另一方面此不平等又由正义使之复归于平等"。(下卷,第18页)黑格尔所描写的这种平衡,不是两种机械力势均力敌地僵持在那里,而是始终激荡着的。社会的不平自始至终是存在着的,平等是暂时的。西方伦理的最高的最普遍的范畴是:"正义"(justice,也可译为公正、公道、公平)。从古希腊开始,西方人不断地讲到"正义",认为这是行为的最高准则。在整体之中,正是"正义"使不平等复归于平等。因此,黑格尔认为:"正义既是保障人的法权的正义,既然迫使破坏[整体]平衡的自为存在亦即独立的阶层和个体重新返回于普遍,那么它就是民族的统治力[政府],就是普遍本质所自我呈现着的个体性和一切个人所自我意识着的、自己的意志。"(下卷,第18页)于此,政府变成了正义的化身,它保障人的法权,迫使破坏法纪、破坏整体平衡的阶层与个人就范。他还认为政府体现了众人的意志,把政府的统治,特别是剥削阶级或少数权势人物垄断的政府统治说成是众人意志的"正义行为",实在是莫大的讽刺。只有人民真正当家做主的政权或者够得上戴上"正义的桂冠",而这却是我们真正的共产党人所追求的。

　　黑格尔所向往的伦理王国,真正是那样无瑕疵、无分裂、完美纯一吗?它的现实标本就是古希腊的城邦。个人与家庭的矛盾、家庭与城邦的矛盾不断深化,家庭与城邦的地位的动摇与瓦解是历史的必然,古希腊城邦制度终归一去不复返了。

　　那么,它们是如何解体的呢?

2. 伦理行为

古希腊的家庭与城邦的解体，黑格尔认为是伦理行为打乱了伦理秩序。"行为（Tat）破坏着伦理世界的安定组织和平稳运动。"（下卷，第 20 页）由于有了行为，和谐一致的伦理世界就出现了冲突与对立。人们及其生存于其中的社会不得不受永恒的必然性所支配，不得不屈从于悲惨的命运。"永恒的必然性"是命运的科学与哲学的表述；"命运"是人们对他们不得不服从的永恒的必然性的一种无可奈何的感情上的哀叹。个人的坎坷、社会的不公，是对"和谐一致"的否定，于是所有这一切统统被吞没于命运的无底深渊。

于是，命运就变成了对个人的消极的安慰，对社会的文过饰非的遁词。永恒的必然性也好、悲惨的命运也好，如单纯地执着它，人对自己与对社会都是无能为力的，只好听任其摆布。这样的人是无思想无精神的、无主观能动性的，因而也就丧失了他成其为人的固有的品质。人必须有所作为，与命运做抗争。

有作为的人并不屈服于命运。耳聋对于一个音乐家是致命的，但作为"力"的象征的贝多芬并未屈服于这种生理上无可挽回的缺陷，辉煌的乐章仍如泉涌。那《命运交响曲》便是他与命运做抗争的气势磅礴的心声。但是，与命运斗争很难取得完全的成功。于是人生交替地上演着悲剧与喜剧。

什么是悲剧？一般讲，主要表现主人公从事的事业或他的某种追求，由于恶势力的迫害或本身的过失而招致失败与毁灭。《罗米欧与朱丽叶》属于前一种；《奥赛罗》属于后一种。悲剧所揭示的是人无法抵抗的、无可奈何的命运对人们的拨弄与践踏，其结果并非完全消极的，它可以使人进一步沉思，从而激励人们奋起反抗；它可以涤荡人们的心胸，从而加强人们的精神锻炼。

什么是喜剧？一般讲，它以讽刺嘲笑丑恶落后现象，从而歌颂进步、伸张理想为主要内容。喜剧的构成依靠夸张的手法、巧妙的结构、诙谐的台词以及喜剧性格的刻画，揭露社会人生的丑恶阴暗的东西，使人在哄笑声中，对这些现象进行辛辣的鞭挞。喜剧较之悲剧有更加积极的意义。它主动进击，充分显示了人们决心变革现状的精神。喜剧绝不是闹剧、滑稽戏，它不靠无耻的噱头、下流的笑料，给人以感官的刺激，而是从内心深深的厌恶出发，竭尽挖苦、讽刺的能事，借以抒发心中的郁闷与愤懑。那含泪的笑比号啕大哭更加悲怆。"悲怆"（Pathos）超脱了感官上的悲痛，超脱了一己之得失，出自一种悲天悯人的广阔胸襟，因此是一种大彻大悟的表现。喜剧的笑声中发出的悲悯，是与整个民族相连、与天地相接的大智慧的心情。一个人如能以喜剧的态度来看待这个世界，则不但拯救了自己，而且也将以自己的温热去炙灼这个冰凉的世界。

　　黑格尔把这种社会人生的现实矛盾以及由矛盾引起的人们的理智上与感情上的反映和行为上的俯就或抗争，归结为意识内部的事情，并描写为神与人两种规律的冲突，这当然是走了岔道。其实所谓两种规律的冲突，实际上讲的是个人家庭与政府民族之间的矛盾。它们之间交替使用暴力与诡计，力图证明自己是公正的，而对方总是不公正的。于是"属于神的规律的那一方认为对方是人世的偶然的暴力强制；而属于人的规律的那一方则认为对方是内心的自为存在的桀骜不驯"（下卷，第22页）。这里体现了两种意志的较量以及它们之间的相互攻讦。黑格尔认为政府的意志是"公意"，个人的意志是"私意"。公私矛盾时，黑格尔是谴责个人的，说那是"无法无天"。这个看法当然是片面的，个别意志如其是正当的，而代表公意的政府却是倒行逆施的，则他不但不能代表公意，而是最大的私心的表现，这样的政府是应该打倒的。

　　黑格尔说："伦理行为（Handlung）本身就具有罪行的环节。"

因为"只有不行动才无过失",在规律的冲突中,即在政府与个人的矛盾中,自己的所作所为如果与政府有抵触,或者政府践踏民意,造成严重恶果,便会产生过失,而"过失也获得了罪行的意义"。(下卷,第 24 页)黑格尔认为,行为片面偏执一方而对另一方采取否定态度,并破坏另一方,这样就造成过失或罪行。必须以对整体的不可动摇的信心作为行为的根据,在坚定不移的信心中,不夹杂有任何外来的东西,既无恐惧,也无仇恨。这时两种相反的规律结合为一个统一体,也就是说,个体与政府完全协调一致。(参见下卷,第 25 页)如果能够以这样一种情况作为行为的根据,那么行为是会取得成功的。因为"行为的完成本身就表明着凡合乎伦理的都一定是现实的;因为目的的实现乃是行为的目的"(下卷,第 26 页)。

社会共体是最高的权威,谁敢"冒犯共体,谁就一定被剥夺去他整个的完全的本质所应享受的荣誉"(下卷,第 29 页)。共体的力量来自"民族"。"一个民族对其自身力量与安全所持的,深信不疑的确定性,即确信它的誓约能把全民族团结成为一人"(下卷,第 29 页)。这就是将民族结集为一个牢不可破的整体的"民族精神"。这种普遍的民族精神通过民族成员表现出来。它表现为一种"Pathos",这里我想把它译为"悲悯情怀"较好。关于"Pathos"前面略有说明,它与"Passion"(激情,冲动)不同,它是渗透个体的整个存在的、决定着它的命运的一种情思。而"Passion"是生理的冲动,只是一种情欲。一般讲,属于情的东西都是直观的个别的不可究诘的,因而是一种偶然突发的东西。殊不知一种内在的民族感情,却是民族成员之间的黏合剂,是民族整体牢不可破的保证。对于一个人来说,哀莫大于心死;对于一个民族来说,可怕的是民族精神的丧失。当一个民族处于危急存亡之秋,民族感情的爆发是历史的必然。悲悯情怀是一种至高的纯粹的圣洁之情。这种悲天悯人的情怀体现在一个人身上,便类似我们常讲的"浩然之气",这是人类很高的精神境界。

当黑格尔再次论述到神人关系、男女关系时,男性中心思想溢于言表。他说:"至于人的规律,就其普遍的客观存在来说,是共体,就其一般的活动来说,是男性,而就其现实的活动来说,是政府;人的规律之所以存在、运动和能保存下去,全是由于它本身消除或消溶了家庭守护神的分裂支解倾向,或者说,由于它消除了女性所领导的家庭中出现的独立自主倾向,它把这种倾向消溶于它自己的流体的连续性中。"(下卷,第30—31页)。于是就形成了"共体、男性、政府"和"个体、女性、家庭"的对立。要维护男性中心的社会就得消溶女性中心的家庭。黑格尔把破坏社会整体的罪过完全诿之于女性:"女性,——这是对共体的一个永恒的讽刺,——她竟以诡计把政府的公共目的改变为一种私人目的,把共体的公共活动转化为某一特定个体的事业,把国家的公共产业变换为一种家庭的私有财富。"(下卷,第31页)破坏整体的家庭独立自主倾向,当然不能以女性为代表,在男性为中心的社会里,男性家长是真正的祸首,女性不过是胁从,甚至是受害者。女性不参与或少参与国家政治活动,这是几千年男性中心社会所造成的,事实证明,女性默默地从事公共事务不差于男性甚至超过男性。女性犯罪率从来是大大低于男性的。因此,上述观点只是黑格尔的偏见。

3. 法权状态

家庭的瓦解,民族的沦丧,社会的构成发展到直接以个体为单位。这个社会作为"普遍物已破裂成了无限多的个体原子,这个死亡了的精神现在成了一个平等[原则],在这个平等中,所有的原子个体一律平等,都象每个个体一样,各算是一个个人(Person)"

（下卷，第33页）。黑格尔这一段玄虚之辞，讲的其实是社会进入以民族家庭为基础，每个人独立与社会发生关系的阶段。这里隐指从古希腊城邦进入古罗马帝国。城邦制度的天然的家族关系被破坏，强调了个体的独立性。"这样，从伦理实体的生活中就产生出了个人人格；人格是意识的现实而有效准的独立性。"（下卷，第34页）于是，伦理整体分解为原子个体，社会就进入了法权状态。所谓法权状态是每个个人以平等身份进入社会活动，具有独立人格的一切人都具有"统治欲和服从心"。这是人们具有的实质相同、形式相反的两种精神状态。

法权状态与伦理实体并无不同，同属人类社会的行为规范。法权状态的特点在于：它似乎成了一种外在分裂的力量。过去自觉共同信守的规范，变成了我要你遵守、你必须就范的外在力量。于是，我便进入"统治欲"这样一种精神状态；你便进入"服从心"这样一种精神状态。统治与服从是一种冷漠的抽象的外在关系，个人实际上受到轻蔑。因为照黑格尔看来，在法权状态下，个人只是一种偶然的特定存在，不会有持续存在的。所以，"法权意识就在它自己被承认为有实际效准时，反而认识到它自己的实在性的丧失，认识到它是完全没有本质的东西，并且把一个个体称为个人，实际上是一种轻蔑的表示"（下卷，第35—36页）。这就是说，在法权的统治下，个人已丧失了存在的必然性，已无生存的价值。众多的个人在法权统治下呻吟，只有那个代表"统治欲"的抽象的个人，成了世界的主宰。

"这个世界主宰，由于意识到自己是这一切现实势力的总和（Inbegriff），就成了一个自视为现实上帝的巨大的自我意识。"（下卷，第36页）这个"孤独的个人，他跟所有的人对立着"，他自认为他的意志就是众人的意志，实际上他却任意践踏众人的意志，他是一切，众人等于零。这种尖锐的对立导致社会的异化。终归有一天这种社会的异化要被扬弃，草帽要取代王冠，布衣要取代紫袍。

三、自身异化了的精神——教化

黑格尔一般将"异化"作为"对象化"来使用，例如，主体异化为客体，精神异化为物质。他认为思维，精神是第一性的，它们异化、对象化为现实世界。"当前的现实直接以它的彼岸，亦即以它的思维和思维的产物为对立面，反之，思维则以此岸，亦即它自己异化出来的现实为对立面。"（下卷，第39页）

黑格尔发觉"异化"是一个非常普遍的社会现象，指出："任何东西都是在自己以外的一种异己的东西之中"；"整体的平衡不是在自身内保持不变的统一，也不是这种统一返归其自身以后的宁静，相反，整体的平衡是建立于对立物的异化上的"；因此，"整体也是一个自身异化了的实在"。（下卷，第40页）

这个整体分裂为两个王国，一个是"现实的王国"，一个是"信仰的王国"。信仰的王国是纯粹意识的王国，处于现实的彼岸，因而不是当前的现实，却处于信仰之中。这种信仰意味着对现实世界的逃避，它永远只被我们当作是与概念相对立的东西。（参见下卷，第41页）

从纯粹意识的信仰世界的彼岸，进入它自己异化出来的现实世界的此岸，必须通过"教化"。因此，教化就是自身异化了的精神。

1. 教化

个体要成为现实的，它"赖以取得客观效准和现实性的手段，就是教化"（下卷，第42页）。因此，"教化的意思显然就是自我意识在它本有的性格和才能的力量所许可的范围内尽量把自己变化得符合于现实"（下卷，第44页）。于此，黑格尔提出：使自我意识符合于现实，便透露了他的认识论的唯物倾向，当然就他的唯心立场讲，无论自我意识也好，现实也好，都是意识或精神范围内的东西。这也可算是马克思、恩格斯所讲的"唯心主义的外壳"吧！丢开这个外壳，我们便可见到"意识符合于现实"这样一个有益观点，而且还认为"教化"可以变更意识使其适应现实。这样，教化便成了从自我意识到现实的中介，于是便形成这样一个认知过程："自我意识—教化—现实"。我认为其中尚有一定的合理因素。

a. 权力与财富问题。黑格尔在论述精神世界时，把尚无精神的环节，即我们所谓的自然世界与之作对比。在他看来，自然世界与精神世界都是"实体本身"发展过程的一个环节、一个特定存在。它们看来似乎很不相同，实际上都是实体本身的一个特定存在，因此有很多相似之处。我们对精神的考察便有与对自然考察的同样的情况。比如说，自然界可分解为气、水、火、土诸元素，它们各有其本质，黑格尔认为土是诸元素的坚固枢纽、主体、出发点和归宿地。（参见下卷，第45页）他对这些元素的具体论述是没有多大意思的，关键在自然界可以分解为多种元素的观点。从此出发，他认为精神世界也可以分解为许多精神的元素或质体（Masse）。

这样的精神元素，他列举了三个："第一种是自在普遍的、自身等同的精神本质；第二种是自为存在着的、已变得自身不等同了的、正在自我牺牲和自我献身的本质；第三种，作为自我意识，是一种本身直接具有火的力量的主体。"（下卷，第45页）简单讲，第一种是精神的自在状态；第二种是精神的自为状态；第三种是精神作为整体的自在而又自为的存在。

对上述精神实体发展的环节必须从纯粹意识与现实意识两个方

面来考察，实际上是从思想方面与社会方面来考察。从思想方面讲，"善是自在存在的独立的精神力量"，而那被动的精神本质"是虚无的本质，是恶"。（下卷，第45、46页）

这种属于思想的善与恶，自身异化、对象化为现实的东西，即"国家权力"与"财富"。黑格尔把权力与财富对立起来，认为权力是善，财富是恶。

自我意识以对象之中有无自己在内来判断善恶，于是认为"善即是它与客观实在的同一（Gleichheit），恶即是它与客观实在的不同一（Ungleichheit）"（下卷，第48页）。这种善恶观当然是极端抽象的，凡对我而言是好的或坏的，其本身也是好的或坏的。这样的讲法因为极端空洞，没有实质性的内容，所以没有什么意义。现在我们看看权力如何是善的、财富如何是恶的？

从共体来看，国家权力是它的生命线，它的"一部分是静止的法律，一部分是规定着普遍行动的诸个别过程的指示和命令（Regierung und Befehl）"（下卷，第49页）。没有这些来维系共体的生存，共体势将土崩瓦解。由于国家权力与共体的存亡如此休戚相关，因此，它对共体而言是善。而财富"既因一切人的行动和劳动而不断地形成，又因一切人的享受或消费而重新消失"（下卷，第46页）。由于财富的这种物质性、暂时性、个人享受性，它对共体而言是恶。这种看法当然是十分片面的。

国家权力固然与共体存亡休戚相关，但"它只在现实的服从中才是现实的权力"（下卷，第53页）。它如何才能使人服从并使人为其做出自我牺牲呢？如何才能成为真正有效准的东西呢？这个权力必须确实是保护而不是榨取其成员的，否则，它便不是现实的，因而就是恶的。

至于财富，个人享受好像是自私自利的，其实"一个人自己享受时，他也在促使一切人都得到享受，一个人劳动时，他既是为他自己劳动也是为一切人劳动，而且一切人也都为他而劳动"（下卷，第47页）。在共体之中，劳动与享受总不是单方的而是互助互济的。而且没有通过劳动不断形成财富，没有财富的消费激励劳动再生产财富，这个共体便不能持续存在，那个国家权力势将彻底崩溃。因此，财富无论对共体或个体都是绝对必要的，而且是善的。

b. 高贵意识与卑贱意识。黑格尔从他的立场出发，也看到了国家权力与财富的善恶判断的相对性。从本然的个体性而言，"它毋宁发现在国家权力下，它的行动，作为个人的行动，已经受到拒绝、压制而不得不变为服从。个体于是在这种权力的压制下返回自己本身；国家权力对它来说已是一种压迫性的本质、坏的东西、恶；因为权力已不是与个体性同一的东西而是完全不同一的东西了。——相反，财富是好的东西、善；它提供普遍的享受，它牺牲自己，它使一切人都能意识他们的自我"（下卷，第49页）。黑格尔于此倒是真正接触到了一点现实社会的实质。剥削阶级政权从来不会体现人民的意志，作为人的起码的生活条件是人民必须争取的。

由于在对待国家权力与财富的问题上，事实上存在两种对立的观点，因此，形成两种截然相反的意识，这就是"高贵的意识与卑贱的意识"。"认定国家权力和财富都与自己同一的意识，乃是高贵的意识。""反之，发现另一种关系的、认定国家权力和财富这两种本质性都与自己不同一的那种意识，是卑贱的意识。"（下卷，第51页）这两种意识根本对立：高贵意识认为它天然的是国家的统治者，它认为掌握权力恰得我心，视为珍宝，决不甘心退让；至于财富，它就更加爱不忍释，对这种实惠的无拘束的享受，表示由衷的喜悦。总之，权力与财富的贪欲就是这些"高贵"的统治者的卑劣的内心世界的独白。至于卑贱意识则将国家权力视为压榨与束缚自己的一条锁链，因而仇恨那些统治者，"平日只是阳奉阴违，随时准备爆发叛乱"。财富对于卑贱意识仍然是绝对必要的，因为没有财富它就无法生存，但是另一方面，"财富只使它意识到它的个别性和享受的变灭性（Vergänglichkeit），使它既贪爱财富又鄙视财富"（下卷，第51页）。

黑格尔接着便离开这一现实社会的场景，将高贵意识加以理想化。高贵意识必须否定它固有的目的、特定的内容和特定的存在，提升到普遍实体的高度。那么，高贵意识就是"服务的英雄主义（Heroismus des Dienstes），——它是这样一种德行，它为普遍而牺牲个别存在，从而使普遍得到特定存在，——它是这样一种人格，它放弃对它自己的占有和享受，它的行为和它的现实性都是为了现存权力（Vorhandene Macht）的利益"（下卷，第52页）。这样一种服务的英雄，在剥削社会的统治集团中是罕有的，只能寄希望于未来的共产主义社会。

理想总是不能放弃的，应该相信随着人类社会的进步，国家统治变成社会管理，那时定会涌现出成批的"服务英雄"。至于现在呢？黑格尔说，社会各阶层内出现一种怀有二心的精神："这种精神尽管口头上侈谈什么普遍福利，骨子里却保留着它自己的特殊利益，并且倾向于把侈谈普遍福利的语言当作追求普遍福利行动的代替品。"（下卷，第54页）这正是那些政治上的两面派的伪君子的写照。

黑格尔还认为，服务的英雄主义总免不了要有所牺牲，甚至牺牲自己的生命，这种牺牲是非常彻底的，但是那些劫后余生却实际上得到了"服务英雄"的好处，它提出的普遍福利的建议，便具有模棱两可令人怀疑的性质，"并且事实上它总是在国家权力之外还保留着它自己的意见和特殊的利益"（下卷，第54页）。黑格尔这一分析十分深刻而且具有极强烈的现实性。古今中外不乏这种事例，为革命英勇献身的英雄，真正实现了他的服务的光辉理想。但是当理想实现后，享受革命成果的，不少是托庇先烈余荫的政治庸人。

国家权力要能真正实行普遍的福利，就需要一种服务、献身的精神，一种"不声不响的服务的英雄主义"。但是跻身于统治阶层的人却将国家权力视作荣誉并且将权力攫为己有。于是国家权力这种普遍性就取得了自我意识的个别性。"自我意识的个别性"在现实社会中就"是一个威权无限的君主；——其所以是无限的，是因为阿谀的语言已把这种权力抬高，使之达到了纯粹的普遍性"。（下卷，第58页）那些阿谀者不知疲倦地反复地歌颂伟大的君王，将君王突出于众人之上，成了一个孤家寡人。于是君主成了普遍权力的肉身。"朕即国家"（"L'etat, c'est moi"）。那些阿谀者、贵族们、臣仆们"不仅乐愿为国家权力服务效劳，而且侍立于王座周围充当他的仪仗"（下卷，第58页）。阿谀之所以在政治生活中不绝如缕，实出于阿谀者与被阿谀者的共同需要。对这种极端丑恶卑鄙的政治现象的根绝，对这种人类本性的歪曲的扭直，应是我们共产主义理想中的分内之事。

君主攫取国家权力，臣仆们阿谀君主乐为效劳，不是单纯为了个人的尊严与虔诚的服务，而是为了享有与分享财富。因此，"财富毋宁就是国家权力"（下卷，第60页）。于是，财富成了国家权力的母后，她垂帘听政，睥睨一切。"财富以为自己给人一顿饱餐就赢得了一个异己的自我（Ichselbst），从而就使这个异己的自我的最内在的本质虚心下气俯首帖耳，于是产生出傲慢放肆的态度；当它这样傲慢放肆的时候，它忽略了这个异己的自我的内心激怒反抗，它忽略了他对一切现存关系的彻底否定"，"财富所直接面临的是这样一种最内心的空虚"，它丧失了精神的支柱，留下一个僵死的躯壳，一切都变得十分无聊了。（下卷，第63页）

由于权力与财富的这种错乱，使它们没有明确的规定性，于是"无论权力和财富的现实本质，或者它们的规定概念善与恶，或者，善的意识和恶的意识、高贵意识与卑贱意识，统统没有真理性；毋宁是，所有这些环节都互相颠倒，每一环节都是它自己的对方"（下卷，第65页）。这样一来，"高贵的意识变成卑贱的和被鄙弃的意识，反之，被鄙弃的和卑贱的意识变成高贵的，变成最有教化的、自由的自我意识"（下卷，第65页）。这就意味着特权的旁落、财权的兴起；也意味着贵族王公的没落、市民阶层的抬头。

不过黑格尔似乎仍然有点留恋他认为是真正的高贵意识。这种意识表面看来非常戆直愚蠢、头脑简单，而它实"则保护善良的东西和高贵的东西，即是说，它保全那种在其外在表现中保持其自身同一的东西，也就是说，它以此地唯一可行的办法，使这种善的东西不因曾经跟恶的东西有所联系或混合一起而丧失其本身的价值；因为恶的东西正是善的东西的条件和需要，而且自然的智慧就在于此"（下卷，第67—68页）。这个思想可以简要地归结为两句话：出淤泥而不染、大智若愚。

另一方面，他对通过教化而产生的市民精神的虚假性、虚妄性（Eitelkeit）也表现了一定的憎恶。他们自欺欺人，用冠冕堂皇的理由掩盖卑劣意图的真相，对于他们来说，"那种恬不知耻，乃是最大的真理。"（下卷，第66页）黑格尔认为这样一种意识是"明智和愚蠢的一种狂诞的混杂，是既高雅又庸俗、既有正确思想又有错误观念、既是完全情感错乱和丑恶猥亵，而又是极其光明磊落和真诚坦率的一种混合物"（下卷，第67页）。简言之，是天使与魔鬼的结合。

黑格尔处于德国历史的转折时代，从消极方面讲，他眷恋过去某些他认为是美好的东西，挑剔新生事物的阴暗邪恶的因素；从积极方面看，他重视历史的优秀传统，肯定现实的光明前景。再从辩证法角度讲，他不简单肯定一切，或否定一切，而是采取分析扬弃的态度，这也是十分合理的。

c. 宗教信仰与纯粹识见。前面论述过的苦恼意识只是一种宗教式的感情，而不是宗教。宗教信仰照黑格尔看来具有客观实体性，而苦恼意识只是一种主观的无实体性的东西。宗教，就我们看来，是虚妄不实的，但它却是千百年来事实上存在于人世间的一种精神实体的现象形态。宗教的本质是"信仰"，而信仰不是主观思维的东西，乃是一种行动。

一般说来，总是将信仰与思维相对立。似乎信仰只是一种盲从，而思维则是一种科学的认知活动。黑格尔指出："思维乃是信仰的本性中通常总被忽视了的主要环节。"（下卷，第74页）真正的信仰并不是随声附和，因为信仰的对象是本质，而本质的掌握必须通过思维。所以，信仰与思维不是对立的，思维是信仰的根据，信仰是思维的行动。

合理的信仰，表现为一种由衷的赞美，由此而产生"崇拜"。崇拜与阿谀是完全不同的。阿谀是怀着不可告人的动机，说出言不由衷的夸张的溢美之词；崇拜则是出自理智的判断，真心实意地表示恰如其分的尊敬。阿谀是应该反对的，而对圣洁、崇高、伟大的人和事，崇拜是无可厚非的。

由此看来，信仰与纯粹的识见就不是根本对立的。"在纯粹识见中，概念则是唯一现实的东西。"（下卷，第77页）而教化世界的信仰已不同于中世纪那种愚蠢的信仰，宗教改革之后，信仰之中的理性成分明显上升了。这就是纯粹识见贯注于其中的结果。纯粹识见向一切意识呼吁道："你们要在为你们自己时是所有你们在你们自己中时所是的那样，都要是有理性的。"（下卷，第79页）

2. 启蒙

纯粹的识见的核心是理性，而教化世界的特殊识见之中则掺和着对其自身最痛苦的感情和最真实的识见。它看到自己，自己所希望的、自己所依靠的都被砸烂、瓦解、践踏，因而痛苦；但它又机智地全面地解析自己、议论是非，因而又显示出其真知灼见。

黑格尔于此曲折地表达了人类从中世纪的愚昧之中解放出来，用理性剖析事物、审查一切，开始与迷信做斗争。这就意味着：人性的觉醒、启蒙运动的兴起。

a. 中世纪与启蒙运动。中世纪的迷顽窒息着人类理性的发展。而以理性为其本质的"纯粹识见知道信仰是与它自己、与理性和真理，正相反对的东西"（下卷，第82页）。因为中世纪的信仰只是一团迷信、偏见和谬误的大杂烩。天真纯朴的一般群众（allgemeine Masse）为教士阶层恶意地愚弄。"一般群众于是成了这样一种教士阶层欺骗的牺牲品，这种教士阶层，其所作所为，无非是要满足其妄想永远独霸识见的嫉妒心以及其他自私心，并且，它同时还与专制政体一起阴谋活动，狼狈为奸。"（下卷，第82页）教士阶层是封建君王的得力帮凶，他们结成了一个毫无思想、毫无精神的综合统一体，"利用民众的愚蠢和混乱，凭借教士们的欺骗手段，坐收渔人之利，实现他太平无事的统治，满足它的私欲和专断"（下卷，第82页）。

启蒙运动并不直接号召群众攻击骗人的教士与专制的暴君，而是着重启发其觉悟，即将群众自身之中蕴藏的理性启发出来提升为概念用以作为其行动的指南。这样才有群众自觉地合理地与迷妄做斗争的真实力量，而不是靠一时冲动行事的乌合之众。于是，黑格尔指出："凡是不合理性的东西，它就没有真理，换句话说，凡没经概念把握的东西，就不存在。"（下卷，第86页）这样就有力地摧毁了信仰制造的种种愚弄人的"迷信"，使人意识到不是上帝而是自己才是这个世界的真正主宰；相应地，不是专制暴君而是自己才是这个社会的主人。

b.启蒙的基本概念。信仰的荒诞无稽在于信仰的表面性。信仰如抓住事情的内在本质，即抓住了真理，则与启蒙可以相通。这样，"启蒙是满足了的启蒙，而信仰则是没有满足的启蒙"（下卷，第106页）。

那么，信仰的表面性如何呢？"信仰把［绝对］本质拟人化了，搞成对象性的和可以表象的东西了。"（下卷，第91页）即信仰把石头、木头等奉为神灵，启蒙反对信仰的这种表面性是有道理的。但是，"信仰所崇拜的东西在信仰看来既不是石头也不是木头也不是馒头，更不是什么别的有限时间里的感性事物"（下卷，第91页）。信仰乃是透过感性事物崇拜那后面的纯粹思维的本质。从这一点看，信仰也不是完全无稽的。

其次，从合目的性方面来看，信仰与启蒙也有截然相反的看法。纯粹识见把见解和意图的结合、目的和手段的一致，看成是外在的不相干的。因此，从信仰看来是愚蠢的。相反，"怀有信仰的个体之因它真实地舍弃自然享乐从而取得了解脱自然享乐的桎梏的较为高尚的意识，以及它之通过实际行动来证明它对自然享乐的蔑视并不是一句谎言而确是真心实意，如此等等，启蒙都认为是愚蠢不智"（下卷，第93页）。而且这种克己毁身的行为还是一种矫情的不合自然的必然性的不正当不合目的的行为。

启蒙反对信仰的这种迂腐的违反自然本性的行为，认为"有用"才是它的基本概念，当人摆脱神的束缚，意识到他是这个世界的主人以后，他便自命不凡，以天之骄子自居，认为天下万物不过是为了他的愉快与享受而存在的。他还认识到人与人之间是相互利用从而满足自己的需要的。"他照料自己多少,他必须也照料别人多少,而且他多么照顾别人,他也就多么照顾自己;一只手在洗涤另一只手。但是他在哪里,哪里就是他适当的位置;他利用别人,也为别人所利用。"(下卷,第98页)

人之所以尊重理性,也是发现它对人是一种有用的工具。例如,欢乐过度对己有损,理性就可"用以在逾越了规定的限度的时候维护自己本身"(下卷,第97—98页)。

c. 纯粹思维与纯粹物质。纯粹思维处于有限事物和自我意识的彼岸,只是一种单纯的否定性。如果我们从这个否定性的彼岸过渡到感性存在的此岸,便可见到纯粹的物质。"纯粹的物质只是我们抽除了观看、感受、品味等等活动之后剩余下来的那种东西,即是说,纯粹物质并不是所看见的、所感受的、所尝到的等等东西;被看见了的、被感受了的、被尝到了的东西,并不是物质,而是颜色、一块石头、一粒盐等等,物质勿宁是纯粹的抽象。"(下卷,第108页)这样看来,纯粹思维与纯粹物质完全是同一个概念。它们的关系也就是思维与存在的关系,"存在和思维两者自在地即是同一个东西"(下卷,第110页)。因此,"思维就是物性(Dingheit),或者说,物性就是思维"(下卷,第110页)。

上述观点不过是"理性即实在"的观点的进一步的发挥。物质概念虽说从感性存在出发,但它必须抽出一切感性关系,才能上升为概念,而概念正是思维的规定。于是这种抽空了的存在就变成了纯粹思维。从知性抽象而言,这种讲法也有其合理之处。

3. 三个世界与绝对自由

精神的第一个世界是确定性的王国。它由分散着的特定存在以及对它自身的确定性所构成,实际上它不过是自然界无限繁多的形态的反映，这种反映是点滴的、孤立的，不能给人以完整的印象与本质的认识。

第二世界是真理性王国。它由概括成为类型的本质或普遍物所构成，与上述个别的孤立的确定性相对立。由于它深入事物之中，因此摆脱了感性外观的变幻性，从整体上把握了事物的内在实质，因而具有真理性质。

第三世界是功利王国。如果启蒙思想家对待宇宙基本上是唯物的，那么，他们对待人生则基本上是功利的。所以黑格尔认为有用是启蒙的基本概念。我们也不要简单地将功利、有用性（Nützlichkeit）看成是唯利是图、自私自利。黑格尔认为，自信仰、情感、思辨而言，功利"尽管是那么丑恶，但它毕竟是这样一种东西，在这里，纯粹识见使自己得到实现并以自己本身为对象，在这里，纯粹识见不复否认它的对象，而且也不认为它的对象只具有空洞无物或纯粹彼岸的价值"（下卷，第110—111页）。于是，纯粹识见将其本性表现于外，从而使自己具有对象性时，它就成了"有用的东西"（das Nützliche）。黑格尔反对清教徒那种不切实际的空想，他们企图力戒一切贪欲，排除一切肉体享受，实在是太天真了，而且是矫情逆性的。黑格尔指出："贪欲则有内在的根源，是一种普遍的东西；贪欲的乐趣既不会随同寻乐工具的消逝而消逝，也不会因戒绝了个别欲求而消逝。"（下卷，第104页）贪欲的这种内在普遍性是客观的不容否定的，它的对象就是"有用的东西"。因此，在这里，有用性就是真理性，而真理性同样也就是自身确定性。

如果说，"确定性"是属于现实世界，即属于人世的；"真理性"是属于信仰世界，即属于天国的；那么，它们的统一，就意味着："两个世界得到和解，天地互相交接，天国降入人世。"（下卷，第113—114页）看来这位思辨哲学家是并不反对功利主义的，甚至把功利主义抬高到他极为喜爱的"概念"的高度,他说:"意识在有用性中找到了它的概念。"(下卷,第114页)意识既以有用性为概念,就说明它已扬弃了有用的东西的对象性形式,复归于意识自身。意识之发展于此经历了这样一个辩证复归过程:"纯粹识见—有用的东西(对象化)—有用性(概念化)"。

当人们不再执着于享受有用的东西,而是从"有用性"来看待这个世界时,那么他在现实的变革中,便从对我有用出发来观察问题,于是便出现了一个新的意识形态,那就是:"绝对自由"。

黑格尔并不满意封建专制,他曾经热情歌颂过法国大革命。因此,他对自由是颇为向往的,而且看到了反对封建专制、争取自由的历史必然性。他说:"绝对自由的这种没有分解的实体,登上了世界的宝座,没有任何一种势力可以与它抗衡。"(下卷,第116页)

绝对自由是一种什么样的意识呢?是意志的自我反思:自己知道自己、自己确证自己,自己要求自己、自己实现自己。它不假他物,无求于外,因此绝对自由。这样来剖析自由,虽说未必全面,但也不无道理。

黑格尔在看到了绝对自由反对封建专制的进步性的同时,又认识到所谓群众的普遍意志要成为行动,即成为现实的意志,就要求将群众的普遍意志结集于一身,即把众人的意志体现在个体性、单一性中,使一个个体处于领导地位。这就是说,群众运动不能没有领袖,社会构成不能没有政府。于是由领袖组成政府,从而将群众的普遍意志变为现实的意志。所以,"政府本身不是什么别的,只不过是一个自己确立自己的点,或普遍意志的个体性"(下卷,第119页)。但是,这个领袖、这个政府真能体现群众的意志吗?黑格尔认为是不能的。政府一旦确立,它就排除其余的个体,使其不得参与自己的行动,从而确立其本身的特定意志与普遍意志相对立。它没有任何别的选择，只能从群众的代表堕落为一个政治派别，这就孕育着倾覆的必然性。

另一方面，社会成员的普遍自由就成了政府领导的对立物。这种"普遍的自由，既不能产生任何肯定性事业，也不能作出任何肯定性行动，它所能做到的只是否定性行动；它只是制造毁灭的狂暴"（下卷，第118—119页）。这种群众的自由行动应从两个方面来看待，它对于一个合理的政府是一种不安定的因素，对于不合理的政府则是一种革命的力量。

黑格尔看到了以政府为代表的"简单的，不可屈挠的，冷酷的普遍性"与以社会成员为代表的"分立的、绝对的、僵硬的严格性和顽固的单点性（Punktualität）"之间的尖锐对立，并对它们之间的暴力冲突持悲观态度，从而对普遍自由表示了怀疑与厌恶。这恐怕与他对法国革命深入群众普遍地发动而形成的恐怖感到害怕转而诅咒群众的革命行动有关。他说："普遍的自由所能作的唯一事业和行动就是死亡，而且是一种没有任何内含、没有任何实质的死亡"，而"死亡的恐怖就是绝对自由的这种否定性本质的直观"（下卷，第119、120页）。

绝对自由摧毁了其本身的现实王国，过渡到有自我意识的精神王国，于是产生了道德精神。黑格尔对社会的动乱，可谓束手无策、一筹莫展，于是寄希望于个人的自我道德修养，认为道德是一种对其自身具有确定性的精神。我们中国的知识分子往往也有这种消极软弱的心理状态，觉得不可兼善天下，就只为独善其身了。

四、对其自身具有确定性的精神——道德

关于道德问题一般认为属于个人修养，它以社会伦理规范及法

律政令为客观标准，自觉进行修身养性，使自己的言行合乎标准而且不觉得有什么勉强，不如此做，反而心感不安。因此，道德修养无须外求，贵在自觉，率性而行，尽其在我，不计效果。

黑格尔把道德看得很高。对个人言，一生大节视其操守如何，但从救世济民来看，个人再好，如无力扭转乾坤，拯黎民于水火之中，仍然是枉度一生。空谷幽兰，徒自开谢，人生苦难，如之何之，莫知所之！我看"道德"倒是一种自甘寂寞、无所作为的精神。

1. 关于道德的本质

黑格尔说："道德意识一般是现实的和能动的，它在它的现实和行动中履行着义务，它把义务当成本质。"（下卷，第126页）义务，是无偿的、奉献的，甚至是自我牺牲的。因此，它似乎与幸福在现实生活中有矛盾，但是，"道德意识决不能放弃幸福，决不能把幸福这个环节从它的绝对目的中排除掉"（下卷，第127页）。

现在问题在如何看待幸福？履行了的义务，这里面就包含了心安理得的快慰之感，这种快慰之感实际上就是一种享受，一个人在履行义务之中，达到了自我之实现，这就是幸福。当然，在自然过程中，也许得到幸福，也许得不到幸福，甚至不道德的行为居然得到了幸福这种不公正的情况也是大量存在的。如何评价与对待这类问题是应该认真研究的。

那么，如何对待这种不公正呢？就只能从纯粹尽义务这一点着眼，因为尽义务本身就是一种道德上的享受。一般讲来，从整体而言，它们应该是一致的，黑格尔说："履行了的义务既是纯粹的道德行为，也是体现了的个体性，而且自然，作为与抽象目的相对立的个别性方面，也是与这种目的结合为一的。"（下卷，第127页）这就是说，义务、道德、自然是三位一体的。

照黑格尔看来，目的与行为、意向与现实、义务与幸福是应该而且可能统一的。所以，道德与幸福之间的和谐，是被设想为必然存在着的，道德的修养是永无止境的，那至善的目标可望而不可即，因此，追求道德的至善是"一种永远有待于完成的任务"（下卷，第129页）。这种在执着的追求、义务心的驱使下，人生奋斗的目标形成的一种憧憬，才是一种真正的现实的幸福。因此，幸福的非现实性正是它真正的现实性。幸福始终在希望之中，希望实现了，幸福也就消逝了。

至于那种为感性所影响的目的性，价值不高，因为它"不能把幸福视为必然的，而只能视为一种偶然的东西，并且只能指望因恩赐而获得幸福"（下卷，第132页）。一般说来，物质享受、感官满足，那种所谓"幸福"是随着享受满足而消失的，因而是偶然的、暂时的。而且它们都是有待的，即有赖别人施与的，因而是恩赐的。不但如此，这种幸福总伴随着不幸的阴影。比如说，获得"荣誉"好像是人生一大幸事，但是，诽谤与荣誉伴生，诽谤往往使你遭到不幸。所以钱钟书先生有"落索身名免谤增"这种痛切的心声。其次，有的人追求荣誉还得做一些违背心意的庸俗无聊的事情，斯宾诺莎曾经说过："荣誉还有一种缺点，就是它能驱使好名的人为人处世完全依世俗之见为转移，追求世俗所追求的事物，规避世俗所规避的事物。"（《理智改进论》，载《西方哲学原著选读》上卷，第403页）所以这类世俗的"幸福"，如果作为人生的唯一目标，是不可取的。

道德自我意识的概念规定："它认为一切现实一般地都只在其符合义务的时候才有本质"（下卷，第134页）。现在问题在如何规定"义务"。对于社会而言，整体性的维护是个体成员不可违反的，因此，维护社会整体利益应是每一个个体成员的义务。这一点对于社会主义国家当然是天经地义的，就是历来倡导个人主义的资本主义国家，也不能不强调这一点。

2. 道德义务的矛盾

黑格尔说："道德行为不是什么偶然的和有限的东西，因为它以纯粹义务为本质；纯粹义务构成着唯一的整个的目的。"（下卷，第138页）他所设想的这种纯粹义务有点类似我国宋儒讲的所谓天理，而这种天理照宋儒看来是与"人欲"有矛盾的，因此，他们主张：存天理、去人欲。提出什么"饿死事小，失节事大"、"女子从一而终"等类主张。黑格尔试图调和这个矛盾，认为道德义务不能不考虑到社会成员的个体欲求。他说："欲求和冲动也不应该被压抑掉，而应该符合于理性。它们也确实是合乎理性的，因为道德行为不是什么别的，只不过是自身实现着的亦即给予自己以一种冲动形态的意识，这就是说，道德行为直接就是冲动和道德间的实现了的和谐。"（下卷，第140页）他把道德行为作为个体欲求与道德义务之间的一个中介环节。道德行为是合乎理性的欲求与冲动，所谓"杀身成仁、舍生取义"是极高尚的道德行为，合乎理性的要求，但是这种行动并不是冷冰冰地按常规办事，而是出自内心的一种狂热而刚毅的冲动、一种为真理而献身的欲求。夏明翰烈士的"砍头不要紧，只要主义真"就是这种冲动与欲求的体现。于是，天理与人欲之间就驾起了一座沟通的桥梁："个人欲求—道德行为—道德义务"。因此，黑格尔强调"道德规律应该成为自然规律"（下卷，第138页）。还进一步辩解说："既然冲动和欲求都有它们自己固定的规定性和独特的内容，那么与其说它们符合于意识，倒不如说是意识符合于它们"（下卷，第140页）。虽然他接着又说："这后一种符合乃是道德的自我意识所不可以做的。"（下卷，第140页）但他毕竟做出了这样一个符合客观的"倒置"（Verstellung）。

道德提出了几乎是使人难以达到的要求，一个人能在一身之中逐步前进，以这个要求作为自己的努力方向，就算非常不错了。正如黑格尔讲的，"意识已把道德的完成颠倒移植到无限里去，即是说，它认为道德的完成是永远达不到的"（下卷，第140—141页）。面对这个永远达不到的目标，某些人为了沽名钓誉，表面上装出一种慷慨激昂，随时准备英勇就义的样子；或者规行矩步、目不斜视，摆出一副道貌岸然、正人君子的架势；如此等等。其实呢？正如恩格斯所揭露的：这种人在别人面前宣扬信仰美德，热爱全人类，斥责荒淫、贪婪等恶行，但本人却又暗中迷恋这一切龌龊行为。而真正做到言行一致的人反遭不幸。黑格尔十分感慨地说："在我们当前的世界里有道德的人时常遭逢不幸，而不道德的人反而是时常是幸运的。"（下卷，第141页）这种现实生活中道德与幸福的矛盾，往往产生这样一种令人痛恨的后果，那就是"伪善"！

要排除上述的颠倒、错乱，黑格尔认为只有诉诸"良心"。

3. 良心及其他

黑格尔认为：良心是简单的、自身确信的精神，它无须通过表象的中介而直接地凭良心而行动。他指出自我的三变，即从法权通过功利到道德。进入道德世界，便突出了纯粹义务问题。而"良心"正是义务的现实表现。良心是"根据对义务的信念而做出来的行为，因而直接是一种具有持续存在和特定存在的东西"（下卷，第153页）。

良心是基于义务而做出的一种主观行动，"良心的本质正在于去除这种计算和权衡，不根据任何这样的理由而直接凭它自己来作出决定"（下卷，第158页）。因此，"谁说他自己是根据良心行动的，谁就是在说真话"（下卷，第163页）。这种纯属主体性的认定，客观上同一事件可以得出不同的甚至完全相反的结论，而各自都可以说他是凭良心办事的。黑格尔也看到了这一点，他说，"自身直接确定性，作为规定和内容，就是自然的意识，就是冲动和欲求"（下卷，第155页）。于是"主体可以任意给予纯粹义务以什么内容，可以把任何内容与这种形式结合起来，可以使任何内容具有出诸良心的性质"（下卷，第166页）。良心的这种主观任意性，使得各人都自认为是凭良心办事，而实际内容往往相反。强横不义，可以自视为独立不羁；怯懦退缩，可以看成是自我保全以便造福他人。因此，良心是否真正完成一种善行是难于判断的。

尽管如此，黑格尔仍然认为"良心就是这样一种创造道德的天才"（下卷，第164页）。它全无虚矫、率性而行，自身确定，因此，在道德意识中得到高度评价。其实良心不过是语言上的"美德"，它变成了一种孤芳自赏、静观自得的"优美灵魂"。他认为自己的灵魂是如此地纯洁，行为是如此地神圣，他爱怜自己充满了欢喜。所以黑格尔说："这种道德天才同时又是自己本身中的上帝崇拜；因为它的行为就是它对自己的这种神圣性的直观。"（下卷，第164页）良心的这种自我吹嘘，不可能得到反响，那空洞的回声，只是自己的吹嘘的变调的重复。它是空虚的，没有任何现实感。因此，优美灵魂是如此空虚、寂寞，它是不幸的苦恼的虚幻的。它"逐渐熄灭，如同一缕烟雾，扩散于空气之中，消逝得无影无踪"（下卷，第167页）。

如果一个人执意生活在自己的幻觉中，自以为圣洁无瑕，终归烟消云散，归于消逝，那也是咎由自取。但是，如果一个人执意在现实社会中扮演圣徒角色，实际上又不得不随俗浮沉，那就更加可悲。这种人的行为就是伪善。"伪善由于它承认义务和德行的虚假表象并用以当作掩饰它自己的意识和外来的意识的假面具"（下卷，第

169页）。伪善是真恶，但它又要装出善的样子，因而更加可恶。

言行不一是伪善的主要特征。它"只想把判断当作实际行动，只以表述卓越心意的言词而不以行动来证明其正直性"（下卷，第170页）。这就是我们常讲的：伪善者们往往是好话说尽、坏事做尽。伪善是剥削阶级特别是他们的政治领袖的固有品质。马克思主义者的"正直性"决不停留在口头上，而是表现在他们的行动之中。

伪善者往往以自己的行径去审度一切，因此，他完全不能理解那些真正志行高洁的人的广阔心胸、高尚情操与坚毅品格，以为他们同他一样，是搞两面派的。比如，一个人以其品学兼优获得社会声誉，他便认定此人是"沽名钓誉"；一个人以其卓越的功勋赢得人民的爱戴而获得高位，他便认定此人是"野心勃勃、好大喜功"；如此等等。黑格尔用"侍仆眼中无英雄"这句谚语嘲笑这些伪善的小人，他说："并不是因为侍仆所服侍的那个人不是英雄，而是因为服侍英雄的那个人只是侍仆"（下卷，第172页）。我们中国也有一句谚语："燕雀安知鸿鹄之志"，可以说明这一情况。

伪善者还不如公开为恶者。如果为恶者坦白招认："我就是这个样子"（下卷，第173页），"在它招认它是恶的时候也就该直接扬弃了自己而不会是伪善，更不会揭露自己是伪善的了"（下卷，第169页）。坦白招认自己为恶，自然就不是假貌伪善，而且心知为恶，就有可能改恶从善，因此，恶与伪善相比更具有现实性。恶的扬弃才是善，善以恶作为其自身的否定环节，对恶的否定而回复到自身的善才是现实的善。因此善恶相依，脱离恶的"善"是抽象的，因而是虚假的没有真理性的。

第六章　宗教

一、从宗教感情到宗教

宗教感情是主体矛盾集结无法排遣的一种苦恼情绪，它祈求托庇上苍给予心灵的慰藉，以缓解自己的抑郁心情。一个人尽管不信仰宗教，但这样一种感情总会流露出来的。

宗教虽说它是虚幻的，但在人类历史中却已成为一个客观的精神实体。它不但或强或弱地支配相当多的人的心灵，而且可以左右政治，并渗透到其他各种意识形态中去。

宗教的形成有其社会经济文化等客观原因，但也有其主观根据，那就是"宗教感情"。宗教是一个十分重要的社会意识形态，黑格尔十分看重它不是没有理由的。

1. 宗教作为精神的全体

黑格尔认为宗教是前此诸意识形态的综合。他说："宗教以这些环节的经历过程为前提，并且是这些环节之单纯的全体或绝对的自我或灵魂。"（下卷，第182页）黑格尔将宗教抬高到除哲学、绝对知识之外的一切意识形态之上，成了精神全体的"现象形态"，而哲学则是精神全体的"理论形态"。宗教与哲学乃是精神的现象与本质。

因此，黑格尔论述的宗教，已大大超出了宗教的一般含义而有其特定的内容，除前述的政法、伦理、道德诸因素外，特别引人注意的便是关于艺术的内容。

宗教既然以诸意识形态作为自己的前提，并将其作为自己的生成环节纳入自己的整体之中，于是宗教与其他诸意识形态构成整体与组建成分的关系。宗教并不成为前此诸意识形态的后续阶段，黑格尔指出："这些环节所经历的过程与宗教的关系是不可以认作在时间中的。"（下卷，第182页）这就是说，诸意识形态不是按时间先后顺序外在地排列，"这些不同形态本质上必须只认作是发展过程的环节，而非孤立的部分"（下卷，第184页）。至于时间的影响则在于："这些形态就表现了精神的个别性或现实性，并且彼此在时间中有了差别，不过虽说有差别，后面的形态却保有先行的形态在它自身内。"（下卷，第182—183页）这段论述表达了黑格尔一个极为重要的辩证法思想：消亡是产生的前提。消亡将事物作为一个构成因素，将其彻底消化吸收，根绝其外在独立性，包容于新产生的事物之中作为其有机构成因素。

宗教正是这样吸收消化了诸意识形态，从而成为"精神的全体"。

2. 苦恼意识与伦理精神

苦恼意识作为宗教感情只是精神的一种抽象的主观状态，所以黑格尔说："那在苦恼意识的形态中得到它的完成的自我意识，也只是精神再次努力企求客观化其自身但又未能达到自身的客观化而感到的痛苦。"（下卷，第179页）这种痛苦只是主观上感情的纠葛，它并没有摆脱自身的对立与矛盾，相反它纠缠其间，只是主观上想超脱，事实上越是挣扎，陷入泥淖越深。它没有达到宗教，因此也得不到内心的宁静和真正的超脱。

苦恼意识没有能客观化其自身成为一种宗教，但在伦理世界中似乎有一种宗教，即所谓阴间的宗教。这种宗教是一种纯粹的否定性。它强调命运的必然性，强调因果报应。那屈从于命运的个别的自我，由于其自身被扬弃，不过是一个个别的阴影，而且那亡灵的报复使他战栗不已。这个个别的自我，既不深知自己，也不了解命运，更不知悉那死去的幽灵，仿佛置身于黑夜、阴曹，觉得一切是如此地阴森恐怖。

启蒙意识驱走了恐怖的黑夜，宗教建立了"知性的超感官的彼岸"。但是启蒙意识并不重视也不害怕这个彼岸，因为这个彼岸并无阴森可怕之处。它也不认为这个彼岸有什么神奇的力量，它满足于现实世界。

于是，宗教接近现实，"宗教表现精神的特定存在、行动和努力那一方面，而精神的另一方面则是在它的现实世界中所经历的生活"（下卷，第181页）。宗教作为"精神的特定存在"与精神作为"现实的生活"这两个方面、两种形式彼此是同一的。这就是说，宗教就是现实的精神，而这个精神依托于现实的生活。看来这样的宗教并不幻想天国，而是寄情于人间。

3. 宗教自身发展的三阶段

黑格尔从历史发展出发，将宗教自身的发展分为三个阶段：a. 精神最初的实现是宗教本身的概念，亦即直接的或自然的宗教；b. 它认识到它自己是在一种被扬弃了的自然性形态内，或者在自我的形态内的，这就是艺术的宗教；c. 在前两者的统一形式内，它就是天启的宗教。（参见下卷，第185—186页）

这三种宗教的现实原型是：东方宗教、希腊宗教、基督教。这个概括，从整个世界而言，当然是很不全面的，但如单就西欧而言，还是相当合理的。

二、自然宗教（东方宗教）

自然宗教以自然物为崇拜的对象，将精神依托于感性事物，从而把它崇拜为神。如黑格尔所讲的"它的形态具有属于直接意识或感性确定性的那种规定"（下卷，第 189 页）。于是，"绝对精神在存在（Sein）的形式内直观到自己"（下卷，第 189 页）。因此，那些无意识的感性存在却"体现"了绝对精神、神灵、上帝。

1. 火流与光明

人类生活进入文明社会的一个最重要的标志是火的利用，火造福人类、危害人类都是十分明显的，因此原始人群对火怀着一种敬畏之情。火改变了人类茹毛饮血的原始状态，熟食使人类体质产生质变；火陶冶土与金，从而制造器皿、发展生产、弘扬艺术、增进文明；火还给人类带来了光明。光明是人类希望之所在，幸福之所在。这样就有了波斯的拜火教。将火崇奉为神这是可以理解的，以后希腊神话中普罗米修斯窃取天火造福人类的故事也可说明这一点。

火流与光明在人类生活中的绝对必要性，在人的精神上刻下了不可磨灭的烙印，于是它超越了它的物质躯壳，变成了精神的东西。波斯的拜火教就崇奉这个精神的东西，即"光明之神"（Lichtwesen, God as light），它包含一切、充满一切，它在自焚中给人以温暖和光明。

2. 植物与动物崇拜

自然宗教有明显的泛神论特征，花神树精牛鬼蛇神，无非是将自然物神化，给予它们本来没有的灵性。黑格尔指出："这种泛神论，亦即这些原子式的精灵由最初安静的持存状态，然后过渡为它们自身的敌对运动。那天真的花草宗教［或植物宗教］，只不过是无自我观念的自我，过渡具有严肃性的斗争生活之有罪恶的动物宗教。"（下卷，第190—191页）

植物也好、动物也好，它们作为神，区别是次要的。由于植物全无自我意识而与有一定的意识活动的动物之间有一定的厮杀斗争相区别。但是作为"神"，它们均可幻化为人形、同样具有灵性，而为真正的人所膜拜。

原始图腾往往崇拜一种动植物，这个动植物就作为他的种族与民族的象征，于是一群动植物就分别成为彼此敌对的民族精灵。崇拜动植物是古代原始宗教的共同特征。

3. 对模拟物的崇拜

自然宗教从对自然物的直接崇拜，转而对自然物的模拟物的崇拜，这是宗教自身发展的一次跃进。古埃及金字塔、狮身人面像，以及动物形态的塑造等等，它们来自自然而又不同于自然。它们都是通过工匠加工制作的人造物。这些作品更多地体现了工匠的精神面貌，它成了一种思想的具体象征。黑格尔指出："金字塔和方尖石柱的结晶体、直线与平匀的平面和同等匀称的部分的简单的结合……就是这种工匠按照严格的［几何学］形式搞出来的作品。"（下卷，第192页）工匠的巧思在它的作品里得到客观化。

利用自然材料，通过工匠的构思与劳动而形成的模拟物，实际上是工匠的精神创造。"工匠在混合自然形态和自我意识形态的过程中把两者结合起来，而这种意思双关的、自身带有神谜性的本质：有意识的一面与无意识的一面相挣扎、简单的内在本质与多种形态外在表现相伴随、思想的暗昧性与表现的明晰性相并行，所有这些情况都迸发在一种深刻的难于理解的智慧之语言里。"（下卷，第194—195页）古埃及的狮身人面像象征地刻画了埃及法老胡福。这个不可一世的神王，是不可违抗的天意与人间绝对权威的象征：万兽之王换上了一个胡福的头像，就形成了这样一个人兽结合的怪物。它的本质是"神圣与权威"，它的表现是狮身与人面，这两者其实并无任何神圣性与权威性。神圣性与权威性如何从这个拼合的怪物的具体存在中挣扎出来，从而获得崇拜者的心领神会，这是难以说明的。所以，以后在希腊自由精神的理解下，它就变成"Sphinx"女妖了。

工匠在模拟中进行创造，他的精神贯注于自然物中，从而使自然物具有了某些精神气质，而成了客观化的精神，这种精神的发展就形成了艺术家的品格。

于是，自然宗教便向艺术宗教转化。

三、艺术宗教（古希腊宗教）

黑格尔关于宗教的概念是很不确定的，是很不正统的，与其说他着眼于各种宗教的教派典籍的分析与说明，不如说他在分析人类感情因素的变化与表现形态。如果这一点在自然宗教中还不很突出的话，那么，关于艺术宗教的论述，可以说是黑格尔美学理论的萌芽了。

艺术的熏陶，美的鉴赏，是真理的要求。真理从现象上来看，它是完美的。黑格尔之所以把宗教作为绝对真理的现象形态，绝不能从宗教的世俗意义去理解，而只能从宗教的内在的美的本质去理解。

这种艺术宗教（Kunstreligion）的现实原型就是古希腊的宗教。

1. 伦理的或真实的精神

黑格尔从自然宗教中工匠的构思与劳作里，看到了艺术的萌芽。艺术的本质问题是关于美的问题，而真正的美的创造，却是以善为基础的。美与好原来是一致的。因此，黑格尔认为艺术宗教的本质是"伦理的或真实的精神"。

这种伦理精神"乃是一个自由的民族，在这个民族生活中，伦理构成一切人的实体，这伦理实体的实现和体现，每个人和一切人都知道是他们自己的意志和行为"（下卷，第 196 页）。这个自由的民族就是古希腊人，黑格尔认为古希腊人具有美的个性形式。他指出："作为自由的主体，将其对象陶铸为'美'。希腊人的意识所达到的阶段，就是'美'的阶段。"（《哲学史讲演录》第 1 卷，第 160 页）

古希腊人将艺术提升到绝对的地位而有别于工匠的艺术。黑格尔说："在这样的时代里就出现了绝对的艺术。在早些时候艺术表现为本能式的劳作，这种艺术劳作曾沉入特定存在之中、从实际存在里面走出来，并浸透到特定存在的深处。"（下卷，第 197 页）这种工匠艺术为特定存在所桎梏，没有充分发挥其主动性，它不是自由精神的表现，而深受其劳作对象的约束。因此，工匠的劳作是不自由的，有赖于他物的。艺术的绝对性就是对这种艺术劳作的不自由的依他性的扬弃。

只有当伦理实体与纯自我意识统一时，精神以其自身为对象，也就是说，精神不假借他物的有形体的表现，而是进入无形体的纯粹概念之中，抽象地表达其自身。概念的表达落实到一个个人，"精神就挑选这种个人作为表达它的痛苦的工具"（下卷，第 198 页）。而他的作品"就是个体化了的和被表象出来的普遍精神"（下卷，第 198

页）。这就是说，用个体化的形象表达了纯粹的概念。例如，"正义"（justice）是一个抽象的纯粹概念，而普罗米修斯便是正义的化身。他的个体性便表达了正义的普遍性。

因此，工匠艺术与绝对艺术，它们各自所制作或创造的作品，在工匠与艺术家的主观感受上是迥然不同的。工匠必须考虑外在规定的制作的主题精神，他要领会这种精神并把它化为自己的精神，再灌注于其作品之中。当然对主题所做出的解释有其自己的特征掺杂其中，但总的讲，工匠的制作是受命的。因此，工匠所关心的是作品对外在要求的符合程度，以及外界对他的作品的评价。他的作品的外在一致性淹没了他个人渗入的自己的精神特征。

艺术品带给艺术家的只是一般的喜悦，他不关心自己创作的艰苦与劳动的紧张；也不管别人对他的作品的评价或顶礼膜拜，他只是感到在作品中见到了自己的"精神的客体"，由此产生一种无所祈求的内心的欢喜。他完全超脱了世俗的利害关系，自己欣赏自己的客体。他融入他的作品，作品就是他自己。这正是真正的艺术家不能为世俗庸人所理解的地方。

2. 宗教崇拜

宗教崇拜是原始艺术产生的根源之一，神像的雕塑、赞美歌的谱制，正是宗教崇拜的表现。神像的雕塑，显然是企图将人们心灵中感到的神圣性对象化为一个物质实体。它在艺术中产生的矛盾是，那个外在的对象性形态与它要表现的能动的意识之间有很大的距离。它既不是纯然理智的产物，也不是自然形式与思想形式的混合物。这时的艺术构思还只是一个模仿，"神的本质乃是自然界的普遍存在和自我意识着的精神的统一"（下卷，第 199—200 页）。所以，神是自然界的普遍的本质的精神形态。当它由一个有局限性的自然物表达时，例如，把鹰当作"宇宙之鸟"，那么，鹰只是神的一件偶然的外衣，此时已完全剥去了它的动物性格，它的真性是神化了的人性，而鹰的形态只是一个单纯的符号。另一方面，神像总是一个个别的形态，它的制作无疑受民族的局限，因此，它只对于一个时代一个民族有普遍意义。希腊的雅典娜女神，中国的观世音菩萨的塑造便是两种完全不同的风格，反映完全不同的民族精神。总之，神像的塑造，那泥塑木雕本身的无意识性、那形象的动物性或个别民族性，与全知全能的神圣性，有着不可克服的矛盾。因此，这类雕塑，只有当作纯艺术作品来欣赏才有其历史意义与美学价值。

黑格尔指出：神像塑造使神"堕落到它的对方、外在性，堕落到无自我意识的物的规定中"（下卷，第202页）。而表达神性较好的工具是语言。"语言是一种特定存在、一种具有直接自我意识的实际存在。"（下卷，第202页）语言以声波作为载体传播信息，因此有明显的物质性，所以是一个实际的特定存在。但是语言却不受形体与外在质料的束缚，因此又有极大的自由抒发性，所以又接近精神状态。语言性格的这种两面特点正好恰当地表现神性。所谓恰当，即是表现具体而又不沾滞于具体。"所以，以语言作为表达神的形态的媒介就是自身具有生命的艺术品。"（下卷，第202页）赞美歌便是这样的艺术品。群众对神的虔诚的默祷，这种崇拜的热忱是一条精神的洪流，它的内在性"便在赞美歌里面有其具体表现"（下卷，第202页）。这种赞美歌不同于早期宗教的"神谕"。这些神谕在我国是以签谶的形式表现出来，其实都是由人设想出来的一些既简单又普遍的模糊命题。它以抽签的偶然方式或另外一种什么宗教的诡秘的方式表达出来，使人认定这就是神的直接的谕示。这种最高指示似乎是崇高的无可怀疑的必须执行的，其实是使人的健康理智受一种独断的任意的无理的偶然性捉弄。所以神谕式的语言与出自群众由衷崇拜的赞美歌式的语言相比就显得非常渺小了。

雕像艺术和语言艺术的区别表现为物与神的对立，即对象性与非对象性的对立。黑格尔说："在雕像里对象性得到表现，没有表露出自己的直接自我，反之在语言的艺术品里则对象性过多地和自我或主体相联结，过少地得到形象化的表现"（下卷，第204页），因而，雕像艺术是静止的存在，语言艺术则是消逝着的存在。

在赞美歌曲的川流里已潜在地包含了崇拜的概念。既然语言艺术只是一种消逝着的存在，这也就影响着崇拜的特性。崇拜也不是一种永恒持久的东西，世界上很难有一件东西保留在人类世世代代的永恒的记忆之中。"大江东去，浪淘尽，千古风流人物！"诗人的感慨，昭示一条真理：自然的变化是永恒的，而英雄人物随着历史的前进，逐渐在人们记忆中淡忘了，消逝了。巴尔扎克也表达过类似的思想："英雄崇拜从来是人类一种不能持久的情绪。"（《巴尔扎克全集》第1卷，第92页）

宗教崇拜的虚假性与易逝性就比一般崇拜更为突出。它要崇拜不能停留在观念上、语言上，"崇拜必定要是现实的行动才行，一个非现实的行动是和崇拜本身相矛盾的"（下卷，205页）。宗教崇拜不满足于信徒的赞歌与默祷，它要成为现实的存在，就不得不脱下它的神圣的外衣，裸露它和凡人一样的贪婪的本性。它要求信徒为它做出牺牲，"所以宗教崇拜的行动本身开始于纯粹放弃某种所有物，这物的所有者似乎把它当作对他完全没有什么用处的东西而奉献出去，或者把它泼洒在地上，或者把它烧毁成灰烬让它升起烟雾。在这种行动中，在他的纯粹意识里的本质或神前面，他放弃占有和享受他的财产的一切权利，并且放弃自己的人格，不把自己的行动归功于自己，反而把自己的行为归给普遍物或反射给本质，而不归给自身"（下卷，第206页）。因此，宗教崇拜的实质是要求个人自愿地做出无条件的牺牲，仿佛是把一切甚至自己的肉体、生命与灵魂全都奉献给神了，于是自己就从世俗之中得到彻底解脱了。这种赤诚的献身对于某些人也许是真诚的，但从总体而言是虚伪的与欺骗的。信徒们的奉献，由教士、僧侣们享受了，或者由"信徒"们收回了。黑格尔说："牺牲活动只是毁弃掉一些无用的东西，其实无异于把牺牲的物品作为宴席的准备，而宴饮欢乐〔的积极意义〕已经表明所谓牺牲行为的消极意义的欺骗性了。那献出牺牲品的人在那种最初的牺牲物品里保留最大的一份，并从中挑出最有用的物品供他自己享受。"（下卷，第207页）他还进一步指出："神的庙宇和厅堂是拿来供人们享用的，而且在庙宇中所保存着的宝物，在需要的时候也是属于人的。"（下卷，第208页）黑格尔这一揭露几乎是宗教活动中的普遍现象了。

但是，黑格尔也看到了宗教活动在其自身的目的之外的历史贡献，他说：人们在"为神争光和对神献礼的实际考验中直接享受这个民族自己的财产和装饰"（下卷，第208页）。例如，达·芬奇、拉斐尔等人不朽的宗教壁画，哥特式的教堂建筑，韩德尔等的著名宗教乐章；还有我们中国的天坛、寺庙等宏伟壮丽的建筑，敦煌石窟的雕刻与壁画；等等，都是各民族、国家的骄傲，是优秀文化与艺术的宝藏。所以宗教在文化艺术上的创造，其价值是不可埋没的。

3. 艺术作品

关于神像与赞美歌，它的主要目标是为宗教崇拜服务的，但是其中已具备了艺术的成分。这种对神的崇拜转向对民族精神、普遍人性的崇拜，便出现了史诗、悲剧、喜剧等艺术形式。于是，艺术从依托神灵间接描述人间转到对人生的直接描述。

a. 史诗。它"所表现的情调不是使人惊愕若失的自然力量，而是对于已往直接的伟大的传奇人物之记忆、回想、追念并使其在内心中活着"(下卷，第 214 页)。作为史诗，它所歌颂的人物，一般是"民族英雄"。

人业已意识到雕像是自己的创造、它的神圣性是自己赋予它的，人还意识到他自身，他受过教养、受过陶冶，因而他自己有了完全自由的形象。于是，便从对雕像的崇拜变成对人自身的崇拜。人们把过去崇敬顽石、雕像的热情转而倾注于代表民族精神与光辉的那些理想人格上。对于这样的人给予隆重的装饰与礼遇，歌颂他的伟大的力量与光荣的业绩；把他看作是民族的化身。黑格尔指出："不是把他崇敬为石头的神，而是把他当作整个民族的本质之最高的肉体的表现。"(下卷，第 212 页) 比如我们中国人崇敬"精忠报国"的岳飞，以及"义重如山"的关羽。忠义是我国传统伦理观念的核心，是一种民族精神的表现，岳飞与关羽就是忠义精神的"最高的肉体的表现"。对民族英雄的怀念是在客观历史中自然形成的，他的形象绝不是靠树立起来的。"树立"是依靠权势而不是自身的精神力量。树立的"英雄"一旦失去权势的支撑便立刻土崩瓦解。真正的民族英雄则永远活在民族全体成员的心里。

b. 悲剧。悲剧的性质前面联系命运问题时已有所论述。悲剧与史诗比较是一种较高的语言。史诗主要是叙说故事，而悲剧是确知其自身的主人公诉说自己的一切。"这些人知道他们的权利和目的，即他们的权力和意志的规定性，并且知道如何把这些东西说出来"，"他们乃是要表达出支配着他们的'思想感情'（Pathos），摆脱偶然的情况和关涉个人的特殊小节，而突出地表达出这些思想感情的普遍的个体性"(下卷，第 218 页)。这种思想感情的悲怆性或悲天悯人的性质，是对天道无常的慨叹，是对人生坎坷的惆怅，是对个人际遇的不平，是对他人不幸的关注。这一切对于人而言都可以归结到异己的命运里，"所以，就普通人民来说，面对着这种过程，所感到的就只能首先是目瞪口呆的震惊，然后是无可奈何的怜悯，最后是空虚的平静，即听命于必然性摆布的平静"（下卷，第219页）。

悲剧对于宇宙人生消极被动的性质只是表面的，它的积极意义在于揭示了社会的矛盾，精神的不安，感情的纠葛，使人们更深入地思考宇宙人生问题，从而与命运做抗争，在必然性中争取自由。悲剧能涤净灵魂，纯化感情，加强精神与意志的力量。

c. 喜剧。它作为一种比悲剧更高的艺术形式出现，不像悲剧那样，人沉沦在可悲的命运里挣扎，在现实的底层呻吟，翘望青天，梦想超脱。喜剧则已超脱于现实之上，无视命运的摆弄，挪揄嘲笑讽刺社会人生的丑恶现象。它正面进击，使一切腐败的东西的神圣的假面具被彻底撕碎，赤裸裸地暴露出它的真面目，从而在人们的含着辛辣的鞭挞的哄笑声中，感到无地自容，完全败阵下来。喜剧的这种主动进击的威力，象征着人间正义的最后胜利。堂·吉诃德越是那样虔诚地、一本正经地信奉而且身体力行早已过时的中世纪的骑士制度，就越加显示这种制度由于丧失了它的历史必然性而变得十分滑稽可笑。谁也不会怀疑骑士制度业已一去不复返了，谁想固守它，不但是可笑的，而且也是愚笨的。

从史诗、悲剧到喜剧，是艺术形式自身的辩证发展，即从情节的描述到宇宙人生的解剖，归结到主体自觉地引导宇宙人生向真、善、美的崇高目标前进。

那么，这个崇高使命由一种什么社会力量执行呢？

黑格尔认为是：天启宗教。

四、天启宗教（基督教）

相信基督教的现实力量是黑格尔的宗教偏见。年轻的黑格尔本来对宗教尚持批判态度，宗教改革给基督教带来了活力，它是资产阶级革命的一个组成部分，可以看作是资产阶级的精神文化革命，黑格尔自称是路德派，以此表示了对基督教忠诚的信奉。宗教在他的体系里几乎与绝对知识处于同等重要的地位，一个是绝对精神的现象形态，一个是绝对精神的理论形态。

宗教改革使基督教与世俗需要调和，不禁绝人世的七情六欲，这些做法与黑格尔思想是吻合的。欲望在黑格尔的思辨体系中居于相当重要的地位。这个宗教的超尘绝俗的天国幻想实际上充满了社会的现实内容。于此，黑格尔倡导天人合一思想，耶稣基督是人间的上帝，是天国上帝的肉身。

1. 天启宗教产生的前提

在法权的状态下，只有抽象的个人（Person）。在这种状态下，抽象的权利观念代替了伦理精神，民族英雄在利害冲突的天平上已变成了一个压不住砝码的空无内容的精灵。因为"法律上对个人的承认，是一个没有内容的抽象物"（下卷，第230页）。

如前所述，这只是一种斯多葛式的纯粹思维，它通过怀疑的中介，发现它的真理性在苦恼意识的形态里。

苦恼意识发现纯粹思维里的"抽象个人价值"与同样抽象的法律上的"个人的现实价值"的虚假性，苦恼意识正是意识到了自身价值的丧失，为此它感到痛苦，甚至不相信神灵的永恒法则，它绝望地哀号："上帝已经死了"！（参见下卷，第230—231页）

所谓"上帝已经死了"，只表示：在法权状态下，伦理世界的宗教，即艺术宗教消失了，雕像成了死尸、颂歌缺乏信仰、敬神没有灵气、节日失去欢愉、艺术丧失精神，总之，艺术宗教"给予我们的只是对这种现实性的朦胧的回忆"（下卷，第231页）。此时，对艺术品的鉴赏已无神灵崇拜的成分，"不是为了自己生活寝馈于其中，而只是为了把它们加以表象式的陈列"（下卷，第232页）。

世纪的历史转折，艺术宗教的没落是必然的，对它的温馨的回忆，只是梦幻中的现实。而真正的现实是冷酷的枯燥的毫无诗意的法权世界。法权世界单个的个人直接统率在以法律为代表的抽象普遍性之下，这个抽象普遍性是形成世界信仰的基础，而单个的个人的特定存在又成了神的肉身出现的根源。

2. 神化为人的天启宗教

在自然宗教里，人依托外物而成为神；在艺术宗教里，人扬弃了外物在自己民族的普遍性里，即民族精神里塑造了自己的民族神灵与民族英雄作为自己的崇拜对象；在天启宗教里，民族神灵与民族英雄没落了，在法权的抽象普遍性的统治下，产生了世界宗教，即基督教，它否定了众多的民族神灵，而只信奉一个神，那就是上帝。上帝的天国有了人间的代理人，它的尘世肉身便是基督。从自然宗教到艺术宗教归结到天启宗教，是西欧宗教变迁的历史必然。

当精神取得自我意识形态时，于是"信仰的意识看到、感到和听到这个神圣性了"（下卷，第235页）。因为上帝的化身——基督就站在你面前了。这时，神圣的本质并不高踞于人群之上存在于那个虚无缥缈的天国之中，它就在人间，那"神圣本质直接地本质上具有自我意识的形态，就是绝对宗教的简单内容。在绝对宗教里，神圣本质被认识到即是精神，换句话说，绝对宗教就是神圣本质对自己的意识，意识到自己是精神"（下卷，第235页）。所谓神圣本质就是上帝，自我意识形态就是个人，因此，这里说的"神人同一"便是绝对宗教的内容，"神的本性与人的本性是同样的东西，而现在直观到的就是这种统一性"（下卷，第236—237页）。这就意味着：在基督的人性中体现了神性，上帝唯一的真正地启示出来的东西就是"自我"。自然及其产物包括人在内是最低的，上帝是最高的，但"最低的东西同时就是最高的东西；那完全出现在表面上的启示，其中正包含着最深刻的东西"（下卷，第237页）。所以，神圣的本质，就它不是本质而言，即是自然；自然，就它的本质而言，也是神圣的。这样就达到了神人的和解、善恶的同一。看来费尔巴哈对宗教的批判，不过是将黑格尔上述观点进一步彻底化，从而达到了无神论的结论。而黑格尔则在神人统一的基础上，承认神的存在，而实际上却肯定人的精神作用及现实世界。因此，他的神学的偏见只在体系的形式上刻下了印记，而在体系的内容上却充溢了资产阶级人文主义世界观的进步因素。

黑格尔经过了一番曲折的理论推敲，终于让耶稣基督出台了，他说："因此这一个个别的人（按：指基督），就是绝对本质的启示，在他身上作为个别的人，完成了感性存在的运动。"于是，基督就是"直接当前存在的神"（下卷，第239页）。

3. 绝对宗教的概念发展

天启宗教也就是绝对宗教，作为精神前进运动，它是运动的最后一个环节，也就是精神返回自身的环节——"绝对知识"的现象形态。黑格尔论述绝对宗教如何由纯粹实体下降到特定存在或个别性，然后从表象和他物回归。我认为这些内容既烦琐又不重要，重要的是对"否定的否定"的圆圈运动的某些专门论述是十分精彩的。

a. 圆圈运动的间断性与连续性。黑格尔指出："由于每一个这种运动的圆圈都是自身完整的,则它的这种返回自己同时又是向另一个圆圈的过渡。"(下卷,第241页)圆圈的完整性说明运动的间断性,运动不是无头无尾地没有止境地延伸,而是由起点到复归的有限运动。但是返回到自身以后,这个终点又为另一个圆圈的起点,又开始新的圆圈运动。圆圈的过渡性说明运动的连续性。间断与连续的交替,是圆圈运动的基本特征。这一点,列宁曾经特别指出过:"向'第三项'即合题的辩证转化的结果是新前提,是论断等等,这个新前提又成为进一步分析的泉源。"(《哲学笔记》,第249页)所谓第三项就是圆圈运动的终点,即返回自身的环节。它的结果是新前提的出现,这就是说,它成了新的第一项,即新圆圈运动的起点,然后开始其新的变化。(参见拙文《关于辩证法科学形态的探索》,《中国社会科学》1980年第2期)

b. 圆圈运动的自身否定性。黑格尔指出:"当区别一经作出时,同样子作出之时,区别立刻就被消除了,并且当区别一经消除时,同样,它立刻就被作出了。而真理和现实正是这种回到自身的圆圈式[辩证]运动。"(下卷,第243页)区别的作出与消除的交替只是瞬间的变化,消长之间便是运动的自身否定性的表现。没有什么语言比这里描述"否定性"的更好了。而否定性正是辩证法的精髓。

c. 圆圈运动的环节的不安息与全体的安息的统一。黑格尔指出:在这种自身内的辩证运动中,"这些环节就是不安息的概念,这些概念只有在对方中才是它们真正的自身,并且只有在全体中才得到安息"(下卷,第243页)。这种运动的内在否定激起的对立面的斗争,在环节的过渡之间引起了震撼、不安息。那种矛盾斗争产生的动乱感是不安息的根源,如果辩证运动是永恒的不安息,社会运动是无休止的动乱,其结果是破坏性的、灭绝性的,因此,运动进程从其整体的要求而言是要得到安息。不安息是达到安息的过渡环节而不是最终目的。有人把安息说成是和解、静止，不一定是对的。安息的要义在于：不安息的环节向其对方转化，从而达到对立面的扬弃，复归于统一，即除旧更新。所谓全体的安息，意思是新的统一体，新的事物的形成。没有全体的安息，就不能出新，而是旧的在斗争中彻底消亡，因此，不能达到安息的"不安息"是单纯破坏性的、灭绝性的。

d. 圆圈运动的环节的孤立性的超出。黑格尔说："就构成精神的运动的各个环节被当作孤立的、不可动摇的实体或主体，而不当作过渡的环节的看法必须被超出而言，则这种超出必须被看成概念的［辩证］逼迫"（下卷，第243—244页）。一个辩证过程的诸环节如脱离过程的整体，都是一个个的孤立的实体或主体，这样就谈不上转化、运动，它们都变成抽象的僵死的东西。辩证法从来认为世界上没有截然孤立的事物，而是把事物纳入一个有机系统之中或一个运动过程之中，从而指证它们的承先启后的过渡性质，这样才能显示事物的变动性与活生生的内在搏动性。黑格尔说，必须超出事物的孤立状态，并认为这是一种辩证的逼迫。"逼迫"的提法是很有意思的，它意味着辩证思维的能动性。

黑格尔关于圆圈形辩证运动，即否定的否定运动的思想，是他整个哲学体系的核心。在《精神现象学》中，不但严格使用这种方法处理了从自然到社会的一系列复杂的问题，而且从理论上概念上也做了上述极为精彩的完整的论述。以后他的著作与讲演，只是从理论上与实践上，进一步发挥与加深上述观点而已。

第七章 绝对知识

一、由天启宗教向绝对知识过渡

宗教作为精神的全体，发展到天启宗教而圆满。它的辩证复归性质、它的绝对性质，使它达到了绝对知识的边缘。精神全体的客观化，成为世界性的宗教，它扫除了自然宗教的外在简单性，艺术宗教的民族狭隘性，因而成为绝对的也就是无限的。宗教之把握绝对是采取了表象的形式，而表象尚不足以反映"绝对"的本质，因此必须向本质过渡。只有概念的形式才能恰当地表现本质。宗教的表象形式、宗教的对象性质，限制了它圆满地表达意识的最高形态，因此它必须发展为以绝对理念为中心的绝对知识。而绝对知识即"哲学"意识形态。

1. 从表象到本质

黑格尔说："天启宗教的精神本身以及在它里面互相区别着的诸环节，都归属于表象范围并具有对象性的形式。表象的内容虽是绝对精神，不过还须进一步扬弃这种单纯的形式，或者毋宁说，因为这种形式是属于意识本身的，那末它的真理必定在意识所经历过的诸形态中显示过了。"（下卷，第258页）在这里，黑格尔指出了天启宗教的表象性质与对象性质，但又肯定其本质内容是绝对精神，因此，它的形式实际上已具备了真理的内容。

基督教具备了真理的内容吗？从教会的实际宗教与政治活动看，当然不是如此。但从宗教改革来看，它表现了新兴的资产阶级的精神世界，它是符合那样一个尚具有历史必然性的社会的，因而它相对于它那个时代而言，又有一定的真理性。但这一点主要指它的社会政治内容，而不是它的宗教形式、机构与教士们某些具体的宗教活动。

黑格尔根据前述的"直接意识—知觉—知性"的推移运动说明宗教的对象性的推移转化过程。"第一，对象是直接的存在或事物一般"；"第二，对象是向对方的转化（Anderswerden），它和意识的关系，（或为他存在和自为存在），即受到意识规定而有了规定性（Bestimmtheit）"；"第三，对象是本质或作为普遍的东西"。（下卷，第259页）这就说明了宗教如何从表象进入本质的过程，即绝对宗教如何转化为绝对知识。当对象作为事物，它是感性的定在；当它为意识所规定，便开始向本质转化，而扬弃它的感性外观；当它进入普遍的本质，它就进入意识自身之中而成为意识性的东西了。所以黑格尔说："意识依据这三个规定必定知道对象即是它自身。"（下卷，第259页）这即是说：对象=意识。这样一来，作为现象的诸意识形态的形式中实际上潜在地具有了真正的概念，可见概念不是强加的，而是它们本身具有的，通过意识的发展，最后概念从潜在的变为现实的，这就是绝对理念，绝对精神。

2. 事物与我合一

黑格尔从上述"对象与意识同一"的观点出发，进一步提出"事物就是我"的主张，这个命题有点像"万物皆备于我"，其实却有点不同。这里主要想说明：客观事物如不与我相关，则不能显示其意义。"事物只有在关系中，只有通过我以及它与我的关系，才有意义。"（下卷，第260页）于此，旨在说明主客体之间的认知关系，应该讲，还是有道理的。因为只有我，即自我意识，才能洞悉事物，抓住其本质，上升为概念，因而事物才能显示其意义。

概念是反映事物的本质的，因此，它主要表现为对事物的真理性的认识。但是，我们如进一步探讨概念的本性，就是概念以其自身作为对象，从而自己确知自己，即概念掌握概念之成为概念的本质的东西，亦即概念的精神。这个概念的精神本质，黑格尔称之为"美的灵魂"（die schöne Seele）。"美的灵魂即是自我确知的精神在其纯粹透明的统一性中关于它自身的知识"（下卷，第263页）。对真之所以为真的思考就是"美"，这个想法实在是妙极了。当指证某物为真，只是一个外在的确定性；而论证真之所以为真，是内在的确定性，是关于真理的价值判断，于是进入了"美"的范畴。真之所以为美，是意识对其自身的估价。这实际上歌颂了人性的美好，对人生充满了诚挚的热爱之忱。

3. 概念的否定性

黑格尔说："分裂为二或否定性就是概念。"（下卷，第264页）这一特征的揭示，指出了概念的辩证性，而与知性概念相区别。

存在（Sein）与特定存在（Dasein）是思维的否定，而本质则是思维的肯定，即思维本身，它们构成概念的内在对立。把特定存在提升为思想，意即析出其概念规定，从而形成树立对立面的活动，并且在这种对立面活动中，复归其自身，即概念在特定存在中显示其自身。这种存在与思维统一的概念是包含存在于其中的具体概念。这样的概念便是有别于知性概念的"绝对理念"。它的本身自足的过程性，存在与思维的一体性构成了它的绝对性。

二、绝对知识——最高的意识形态

从直接意识到绝对知识的意识形态发展的诸环节都是"绝对精神"的不同层次不同程度的表现，这些都或多或少、或深或浅地表现了绝对精神的风貌与实质。但从精神全体上来表达绝对精神的，黑格尔认为只有宗教与哲学。

1. 绝对精神与绝对理念

当绝对精神进入宗教阶段，特别是天启宗教，它圆满地体现了精神的全体，因而具有了绝对性与无限性，从而成为绝对精神的现象形态。

现在绝对精神继续前进，进入哲学阶段，即绝对知识阶段，它才真正回复到它的自身。作为绝对知识的哲学，由于以具有辩证概念（Begriff）性质的"绝对理念"为基础，因而它就完全吻合于绝对精神，就此而言，绝对精神与绝对理念是同一的。

绝对理念是意识形态发展的最高成就，如果前此诸意识形态不过是发展的中介或过渡环节，那么绝对理念便是它们的全体、它们的统一、它们的真理阶段。如果前此诸意识形态都是精神的现象形态，那么绝对理念便是精神的本质形态、精神自身的显现、绝对精神向自身的复归。

2. 认知活动与哲学

黑格尔深受近代西欧哲学思潮的影响，十分重视认识论问题，认为对认识问题进行考察是哲学的本性所决定的。他说，这个最后的精神形态"赋予它的完全而真实的内容以自我的形式,从而就同时实现了它的概念,并且它在这个实现化过程里仍然保持在它的概念之中——就是绝对知识;绝对知识是在精神形态中认识着它自己的精神,换言之,是[精神对精神自身的]概念式的知识"(下卷,第265—266页)。

黑格尔于此继承了康德的遗绪,把关于认识的能力、认识的主体性的研究作为认识论的中心问题。所谓精神对精神自身的概念式的知识,意思是对精神自身,于此即是对认识能力进行理论的分析,从而得出关于认识能力的概念。所以,哲学把认知活动的研究作为它的基本任务,这是符合西方近代哲学的基本精神的,而且由于他的哲学的辩证性,使得他关于认识论的见解比他的西欧各国同行们的观点要深邃得多。

3. 认识与自由

哲学作为关于认识的真理,它的目的是自由。黑格尔指出:哲学"表现为一种主观的认识,这种认识的目的是自由,并且这种认识本身就是产生出自由的道路"(转引自张世英:《论黑格尔的精神哲学》,第263页)。

黑格尔将认识与自由联系起来是很有启发意义的。法国革命的群众的狂热行动,那种激情冲动而产生的所谓个人自由状态,实际导致了无政府主义及恐怖行动的恶果。总之,主观任性代替了真正的自由概念。黑格尔从认识出发,指出只有认识才是产生自由的道路。这就是说对事物的本质及必然性的认识就是自由。这一基本思想马克思与恩格斯都是承认的。

哲学是追求真理的,真理是导致自由的。所以,哲学,这种关于绝对知识的意识形态,之所以是最后的、最高的意识形态便在于它是真理与自由的美的灵魂。

就黑格尔而言，哲学是绝对精神的实现；就我们而言，哲学是人类的崇高的理想的实现，是人类精神世界的本质的全面展开。

三、意识形态运动的完成

进入绝对知识就意味着意识形态运动的完成。这就是说，哲学作为一个高度综合的意识形态诞生了。它的构成，可分为有着有机联系的三个部分。

1. 概念

黑格尔说："精神已获得了它的特定存在的纯粹要素，即概念。"（下卷，第272页）概念是完全能体现精神的实质的表现形式。因此，概念的精神的科学表达，也就是哲学的"科学体系"的构成的纯粹要素。

在精神现象学中诸环节所获得的特定知识与真理相比只有相对的意义，因此，它们表现为这种知识与真理之间的差别和差别得到自身的扬弃的运动。而在概念的科学系统里，就没有这种差别及其扬弃，因为其中的每一环节业已具有了概念的形式，概念将对象与自我，即客体与主体结合为一个直接的统一体了。（参见下卷，第272页）

这个概念的科学体系，就是黑格尔哲学的核心或骨骼部分。那就是有名的《逻辑学》。

2. 自然

概念自身发展的最终成果是绝对理念。这个绝对理念由于它的实践性与现实性，就成了一个"存在的理念"，因此，它不是远离自然而是更加接近自然。因此，存在着的理念就是自然。自然是精神的空间的外化，自然界是一个活生生的直接的变化过程，它，照黑格尔看来，是一个外在化的精神，是精神的外在的空间的表现形式。这当然是明显的颠倒。

黑格尔还说："就其［在时空中的］实际存在看来，无非是永恒地放弃或外在化它的持续存在的过程和重建主体的运动。"（下卷，第274页）于此，黑格尔指出了自然界自身的生灭变化的永恒性以及主体对自然的依附性，这些都是相当合理的。

作为应用逻辑的自然哲学，就是黑格尔的思辨的自然观。它试图哲学地解释自然现象，但大都与自然界的实证科学研究的成果脱节，因此，每为自然科学家嘲笑与厌弃。但是，其中还是有不少论述自然界辩证发展的篇章，迄今仍不失其理论的价值。

3. 历史

历史是黑格尔精神哲学的重要组成部分，它从纵向概述了精神现象的发展，因此，此处所讲的历史，不是那种单纯记述的历史。

黑格尔说，历史是精神变化过程的另一方面，它是在时间里外化了的精神。这个历史的变化过程"呈现一种缓慢的运动和诸多精神前后相继的系列，这是一个图画的画廊，其中每一幅画像都拥有精神的全部财富，而运动所以如此缓慢，就是因为自我必须渗透和消化它的实体的这全部财富"（下卷，第274页）。黑格尔对历史行程的哲学描述是相当深刻而生动的。

历史是丰富多彩的，每一个历史侧面都凝集着那个时代的精神，它们都是人类精神全面发展的宝贵养料，如果一个人脱离了历史精神的抚育，这个人就不能认为是真正有生命的，他也不是立体的而是一个永远站不起来的平面。现实的人必须生活在历史发展过程之中。

历史运动虽然是时间外化的精神，但它却以不断扬弃它的"现时存在"（Desein）为特征。它把它的一切交付给回忆。"回忆"是历史的基本表达形式。"回忆（Erinnerung）把经验保存下来了，并且回忆是内在本质，而且事实上是实体的更高的形式。"（下卷，第274页）

于此，黑格尔把回忆看得比较高，它不是单纯的记忆，而是经验的总结，使看来散漫的历史事件变得有联系、有秩序了，这就是说，历史所保留的不是孤立的事件，而是历史的内在必然性，即历史发展的规律。

绝对精神如果没有历史的回忆，那它就是没有生命的、孤寂的东西。绝对精神来自渺茫的虚空，落实到自然与历史的现实之中，而历史的回忆却是它的最后的归宿之地。

结束语

  1807年出版的黑格尔的这部天书还是有待继续发掘的精神宝藏。它的理论意义绝不亚于他的《逻辑学》，而它的涉及面的广阔程度又大大超过了《逻辑学》。其中所蕴含的革命精神却是他以后的著作不能相比的。关于辩证法的论述更具有重大的特色，它是从意识精神自身的前进中引出辩证法，而不是拿着抽象的辩证法公式去硬套，因而辩证法是活生生的。关于西欧哲学思想的历史发展，在这本著作中基本上得到了它们比较恰当的逻辑形式的表现，在这些论述中虽不无勉强之处，但总的讲，工作是杰出的、天才的。

  这本著作，时至今日仍有其现实意义。精神或者意识，是物质世界派生的非物质现象。它不是物质的，但不能说它是不存在的。没有精神世界的存在，就不会有人类世界。我们在穷究物质世界的底蕴中，取得了日新月异的硕果，但是对精神世界的探讨，且不论真理性的结论，连有益的意见也少得可怜。精神的贫乏似乎已成为世纪的病症。黑格尔关于精神世界的剖析，出发点虽说是唯心的，但内容却是非常现实的，而且其中不时迸发出不少真知灼见。因此，阅读这部著作对我们唯物地探索人类精神现象的"秘奥"（die Tiefe）是可以借鉴的。黑格尔说这个秘奥就是绝对概念，而我们认为是揭示人类精神的本质。"Die Tiefe！"这恐怕是我们应该全力以赴地去攻克的吧！不攻克这个驻点，什么人类精神、民族性格、社会目标、个人理想等都是些抽象的口号。这里就是炼狱，不踏进炼狱之门，就绝不可得到精神的飞升。

我是满怀深情来论述的，然而缺乏智慧，而智慧才是《精神现象学》进门的钥匙。我看到了宝藏在熠熠发光，我热情鼓掌叫好，然而我却始终站在门外，因为我没有理解这本书的智慧。因此我迫切希望具有智慧的探宝者能前来发掘这个稀世的精神宝藏。

第一版后记

1949年以前，我在大学里讲授"科学方法与科学思维"、"数理逻辑"课程。1949年南京解放，那时兴奋狂热的心情是不待言的。大家都渴望学习新知识，而我讲授的第一门课程，据一本内部流行的著名的小册子断言，那是一些形而上学的东西；第二门课程一般认为是玩物丧志的符号游戏。学校当局要我停开这类课程，改授"辩证唯物论"，我欣然接受了这个建议。这时地下党尚未公开，支部书记偷偷来找我，叫我写出讲授大纲密交市委学区党委审查，这对我是十分新鲜的事情。一天我带了大纲去A.B.大楼找到了学区党委宣传部长，他立即叫一个干事写一封介绍信，要我去北极阁找孙叔平同志请教。这封介绍信中有两句话我至今记忆犹新，说我"不揣冒昧，胆敢开出辩证唯物论课程"。当时我年轻气盛，自命不凡，对此颇感不快。但38年后的今天，我才觉得那两句话是恰如其分的。

回忆这段往事，旨在说明我此刻讲、写《精神现象学》的心情。这次我自己老老实实觉得我确"不揣冒昧，胆敢开出评述《精神现象学》的课程。居然还把它写了出来"。

20世纪60年代初，我看到了《精神现象学》上卷，出于好奇翻阅了一下，硬着头皮阅毕，不禁废书长叹，认为这是一部天书，非我凡人所能理解。如是经历了20年再也未曾回顾它。

1983年由于要给研究生讲一点黑格尔哲学，想想如泛泛而谈不如领读一本黑格尔原著，于是我选中了《精神现象学》。我在1982年曾十分艰难地读完了这部书，并且写了一篇《黑格尔论意识精神的生长过程》的论文，在江苏省哲学学会成立大会上宣读了。1983年开始写讲课提纲和简明讲稿，从1983年到1985年讲了三遍。再由于我牵头撰写《宇宙自然论》与《意识形态论》的需要，我又给江苏省社会科学院哲学研究所参加课题组的同志讲了一遍，因为我将撰写的两本书的构思是深受《精神现象学》的启发的。这次讲课录了音，由该所卞敏、黄明、胡传胜、应克复、张锡金、俞齐煜、胡发贵几位同志将上卷的讲课录音整理为文稿，我看后做了不少修改。下卷虽也录了音但未整理出来，后由南京工学院哲学与科学系（所）王卓君同志根据省社科院的修改录音稿以及我的讲稿综合整理成为一本约10万字的书稿。有的同志鼓励我将这本稿子出版，我犹豫了一年没有动手修饰。

今年，1987年，是《精神现象学》出版180周年，为了纪念这位伟大的哲人的奠基之作，决定奉献出这部稿子。原以为根据录音稿略加修饰即可，及至重新审视我讲的这些东西，觉得很不合适。第一，因属口讲笔录结构松散，废话很多；第二，不少讹误现在已能觉察；第三，很多疑难没有讲清。于是下定决心重新开始。由于我尚在病中，而且事务特别繁忙，写作时断时续，二月开始，四月完成。

这一稿是否有根本改观呢？没有！只是尽其在我而已。我应该如实承认我并没有完全读懂这部书，只能说略知梗概并自以为了解了一点该书的脉络而已。是否真正了解了，仍然没有确切把握。我越写越没有信心，但又越写越一往情深。还是硬着头皮写完，豁出去吧！

这部书稿不是专门讲解黑格尔著作的，而是通过黑格尔而又离开黑格尔讲一点个人见解，或者提示一点我认为的黑格尔思想的精英。但个人见解未必正确、取精撷英未必准确。

卞敏等同志整理的录音稿、王卓君同志进一步整理的综合稿，如实地记下了我的讲演，这些对我重新撰写提供了方便，我深表感谢；江苏人民出版社慨然接受书稿，以最快速度审稿出书，我深致敬意。

但愿天书精英能为识者吸收，使得睿智才思辉同日月。

萧焜焘

1987 年 4 月 16 日

写于中山陵 11 号